DES LUTINS BIEN MALINS

Vous aimez les livres de la série

Sabrina
l'apprentie sorcière

Écrivez-nous
pour nous faire partager votre enthousiasme :
Pocket Jeunesse, 12, avenue d'Italie, 75013 Paris.

Sabrina

l'apprentie sorcière

Des lutins bien malins

Traduit de l'américain par Pauline Vidal
et adapté par Christiane Poulain

POCKET
jeunesse

Titre original :
Shamrock Shenanigans

Publié pour la première fois en 1999
par Pocket Books, États-Unis

Loi n° 49 956 du 16 juillet 1949 sur les publications destinées
à la jeunesse : juin 2002

ISBN 2-266-11891-9

Pour mon Irlandais de mari, Marty Burke, avec toute ma tendresse.

1.

Un lutin mutin

Sabrina Spellman sortit de sa chambre à pas de loup et chercha la rampe d'escalier en tâtonnant. Un calme inquiétant régnait dans la maison. Pourtant elle n'avait pas rêvé ! Ce cliquetis, elle l'avait bien entendu.

Tant pis, on verrait plus tard. Elle retournait se coucher lorsqu'un doux panache vint lui effleurer la jambe.

— Tu es devenue somnambule ou tu essaies de voir dans le noir ?

— Salem ! Tu m'as fait peur ! J'ai entendu un bruit en bas.

Comme pour confirmer ses dires, le cliquetis se fit entendre à nouveau.

— Ce doit être Hilda qui a une petite faim, murmura le chat.

Pas très convaincue, Sabrina descendit deux marches prudemment et se pencha par-dessus la rampe. La cuisine était plongée dans l'obscurité.

— Dans le noir ? souffla la jeune fille.

— L'ampoule du frigo s'allume quand on ouvre la porte.

— Je te rappelle que tante Hilda n'a pas besoin de descendre si elle a faim. Elle n'a qu'à pointer pour faire apparaître le gâteau de ses rêves.

— Alors *qui* se trouve dans la cuisine ? demanda Salem, peu rassuré. Ou bien *quoi ?*

— C'est ce que nous allons découvrir.

— Hé, minute ! Je suis un chat, moi, pas un limier !

— Tu oublies mes pouvoirs magiques !

— C'est vrai ! Les voleurs n'ont qu'à bien se tenir. *Si* ce ne sont que des voleurs...

— Je pourrais toujours les transformer en souris... et laisser faire le chat le plus agile de la maison !

— Super ! Je passe devant.

— Après toi !

Salem descendit l'escalier en silence, puis s'immobilisa : Sabrina venait de faire craquer une marche.

Il lui lança un regard furieux :

— Annonce ton arrivée avec un mégaphone pendant que tu y es !

— Ça va, désolée !

Avec mille précautions, elle suivit le félin qui traversait le salon. Ils s'arrêtèrent devant la cuisine. Tout était silencieux. Le doigt en l'air, Sabrina se posta à côté de la porte puis adressa un signe de tête à Salem.

Dans un miaulement féroce, celui-ci bondit. À cet instant, toutes les lumières s'allumèrent d'un coup.

Surprise, Sabrina entra à son tour :

— Pas un geste ! cria-t-elle en pointant un peu au hasard.

Soudain, tante Hilda surgit de dessous la table dans un rugissement :

— Je te tiens...

Avant de pouvoir terminer sa phrase, elle se retrouva pétrifiée par le sort de sa nièce.

Aussitôt après, un énorme filet tomba du plafond sur Sabrina.

Salem, stupéfait, contemplait la scène en songeant : « Quel cataclysme ! Sabrina prise au piège comme un vulgaire poisson, Hilda statufiée dans cette position ridicule... D'ailleurs, qui pouvait-elle attendre dans cette tenue ? »

Tante Hilda portait un casque militaire vissé sur la tête, des protections aux genoux et aux coudes et une rangée de talismans en bandoulière.

— Je crois qu'on a fait une belle bourde ! murmura Salem à Sabrina.

— Mais non, ne t'inquiète pas ! répondit la jeune fille en tentant de se dégager. Tante Hilda ne m'en voudra pas de l'avoir figée. Ce n'est qu'un malentendu, après tout.

— Ce qui m'inquiète surtout, c'est ce qu'elle comptait attraper avec ce filet...

— Au secours ! cria Sabrina.

Le filet s'était soudain refermé et la soulevait dans les airs.

— Ne bouge pas ! s'écria Salem. C'est un filet constrictor. Plus tu te débattras, plus il va te serrer !

— Puisque tu le dis... Tu ne voudrais pas sauter sur la table pour me pousser, comme à la balançoire ?

— C'est ça ! Et rester accroché là-haut avec toi ? Non, merci !

— Écoute, il faut bien que je pointe vers tante Hilda pour la délivrer ! Dans cette position, je n'y arrive pas. Alors, ou tu m'aides, ou on attend tous coincés ici jusqu'à l'arrivée de tante Zelda.

— Je vais la chercher...

Au même moment, un craquement retentit dans le salon. Salem fit le gros dos, le poil hérissé :

— Qu'est-ce que c'était ?

— Je l'ignore, mais tu vas le savoir très vite si tu sors...

— Euh... Tout compte fait, je préfère encore te pousser.

Salem se ramassa sur lui-même et se détendit d'un bond. Mais à peine avait-il atterri sur Sabrina qu'il sentit les mailles se resserrer sur ses pattes.

La jeune sorcière avait juste eu le temps de pointer le doigt sur sa tante :

— Réveille-toi !

— ... petit filou ! acheva tante Hilda.

Désorientée, elle tourna la tête à droite, puis à gauche, avant d'apercevoir le drôle de plafonnier qui se balançait au-dessus d'elle.

— Qu'est-ce que vous fabriquez là-haut ?

— On s'amuse, ça ne se voit pas ? répliqua Sabrina, un peu énervée.

— C'est bien le moment !

Hilda pointa l'index et se mit à chantonner :

Libère tes prisonniers, filet,
Et pour Fergus, tiens-toi prêt.

Instantanément, les mailles se desserrèrent. Elle fit vite apparaître un matelas pour amortir la chute de Sabrina et de Salem. Puis, en deux temps trois mouvements, elle le fit disparaître et renvoya le filet au plafond.

Encore étourdie, Sabrina s'affala sur une chaise et demanda :

— Qui est Fergus ?

Une étincelle de colère brillait dans le regard de sa tante.

— Le lutin le plus exécrable, le plus grincheux que j'aie jamais eu le malheur de rencontrer !

Salem reprit du poil de la bête.

— C'est vrai qu'aujourd'hui on est le17 mars. C'est la Saint-Patrick !

— Vraiment ? questionna Sabrina.

— Eh oui, aujourd'hui on fête l'Irlande... et ses farfadets !

— Hélas ! soupira Hilda. Ce jour-là, cet infâme petit escroc s'en donne à cœur joie. Chaque année, depuis cent vingt-cinq ans, il vient me faire d'odieuses farces.

— Tiens ? s'étonna Sabrina. Je n'ai rien remarqué, l'année dernière.

Hilda roula les yeux.

— Il m'a enfermée toute la nuit dans ma chambre avec une télé allumée. Pas moyen de changer de chaîne, ni d'éteindre ; j'ai dû regarder pendant des heures des publicités vantant des régimes amaigrissants bidons, suivies de recettes de succulents desserts au chocolat. Une torture !

— J'ai bien aimé la fois où il a lâché des bataillons de souris dans la maison, observa Salem.

— Et pourtant tu ne nous as pas rendu service ! maugréa Hilda.

— Qu'est-ce que tu as fait à Fergus pour l'énerver à ce point ? demanda Sabrina.

— Trois fois rien, j'ai juste refusé de lui payer une botte qu'il avait faite.

— Les lutins irlandais sont les meilleurs cordonniers du monde, expliqua Salem. Mais ils ne fabriquent que des pièces uniques, jamais des paires.

— Seulement Fergus avait oublié de m'informer de ce détail le jour où je lui ai passé ma commande ! acheva Hilda, indignée.

Une magnifique botte vert sapin ornée d'un délicat motif doré apparut dans sa main.

— C'est superbe ! s'exclama Sabrina.

— Une œuvre d'art, ça, oui. L'ennui, c'est que j'ai deux pieds ! Voilà pourquoi je ne paierai le lutin que lorsqu'il m'aura fabriqué la seconde.

— Et Fergus, lui, l'embêtera jusqu'à ce qu'elle ait payé, ajouta Salem.

— C'est ce qu'on va voir ! Cette année, je vais le capturer et l'affaire sera réglée une bonne fois pour toutes.

Avec un sourire malicieux, Hilda zappa sur la table un cocktail de fruits et deux assiettes de cookies en forme de trèfle, emblème de l'Irlande.

— L'orchestre municipal organise une audition pour remplacer Maggie Phillips, qui part en congé maternité. Pas question que Fergus s'en mêle !

— Attends ! s'écria Sabrina, stupéfaite. Tu ne comptes tout de même pas lutter contre un lutin avec un cocktail et des cookies ?

— Ça va l'attirer. Les lutins sont gourmands, je sais qu'il n'y résistera pas.

— Des cookies ! s'exclama Salem en se léchant les babines.

— Pas touche ! intervint Hilda. Ceux-là sont préparés spécialement pour Fergus, avec du vrai trèfle irlandais. Et tu sais dans quel état ça te met, Salem !

— Ça lui fait quoi ? demanda Sabrina.

— La même chose que l'herbe-aux-chats, expliqua Salem. Sauf que ça m'endort au lieu de me donner la pêche !

— Attention ! prévint Hilda. Il ne faut pas non plus en donner aux mortels !

— Pourquoi ?

— En principe, ils ne voient pas les farfadets. Sauf s'ils mangent du trèfle d'Irlande. Or, le jour de la Saint-Patrick, les lutins grouillent partout sur Terre.

Sabrina eut l'air inquiète :

— Est-ce que le trèfle est également mauvais pour les sorcières ?

— Il leur fait le même effet, sauf que les sorcières ne sautent pas au plafond quand elles voient des elfes ailés avec des oreilles pointues ou des petits bonshommes coiffés de bonnets.

Hilda rajusta son écharpe de talismans.

— Bon, maintenant, j'ai un lutin à capturer.

— Et moi, je retourne me coucher, soupira Sabrina.

Salem chipa en douce un cookie sans trèfle et suivit Sabrina. À peine avait-elle posé le pied sur la première marche qu'un cri strident retentit dans la cuisine...

2.

Fait comme un rat

Sabrina fit aussitôt demi-tour. Salem planta une griffe dans sa chemise de nuit pour la retenir.

— Réfléchis ! On n'affronte pas Fergus sans préparation.

Une chaise tomba, et divers bruits suivirent : martèlements, coups et cris incompréhensibles.

— Toute la vaisselle va y passer ! murmura Sabrina.

— Qu'est-ce que c'est que ce raffut ?

Tante Zelda dévala l'escalier tout en enfilant sa robe de chambre.

— Eh bien, expliqua Salem, de deux choses l'une : soit Hilda a enfin attrapé Fergus, soit c'est Fergus qui a attrapé Hilda...

On entendit un bruit de verre brisé.

— C'est de nouveau la Saint-Patrick ? s'alarma Zelda. Ça ne peut plus durer ! Chaque année, toute la maison se retrouve sens dessus dessous. Nous avons encore des souris dans le grenier !

Il y eut un nouveau craquement, des piétinements suivis d'un rire hystérique.

— Tu ne me tiendras pas longtemps, Hildy, crois-moi ! cria une petite voix aiguë.

Hilda rugit :

— On parie, Fergus ?

Zelda attrapa son balai et s'élança vers la cuisine comme une furie.

— Ça suffit ! Je ne passerai pas une journée de plus à subir les farces de ce maudit lutin !

— Il s'en est aussi pris à tante Zelda ? demanda Sabrina à Salem.

— Plus ou moins... Une fois, elle s'est retrouvée avec les cheveux teints en vert ; une autre, avec une inscription tatouée sur le front : « Embrassez-moi, je suis irlandaise »...

Zelda s'arrêta net sur le seuil. Sabrina se haussa sur la pointe des pieds pour voir par-dessus son épaule : un minuscule bonhomme à la barbe grise et aux oreilles pointues était pris dans le filet. Ses petits yeux verts étincelaient de colère.

La cuisine était dans un état épouvantable. Des débris de vaisselle recouvraient le sol, deux chaises étaient renversées, et les rideaux de la fenêtre tombaient en lambeaux. Une boîte de conserve cabossée roula jusqu'aux pieds de Zelda.

— Regarde ! s'exclama Hilda, triomphante. Je l'ai capturé !

De l'index, elle releva le casque qui lui tombait sur les yeux ; son pantalon était déchiré au genou, sa bandoulière avait glissé et lui pendait à la taille comme une ceinture trop large.

— Miséricorde ! souffla Zelda.

Tendant le doigt, elle chantonna :

Cuisine dévastée par l'irlandais ouragan,
Que tout redevienne comme avant !

Les éclats de verre disparurent, les chaises se redressèrent, des rideaux neufs apparurent à la fenêtre et les conserves regagnèrent leurs placards.

Salem se précipita vers le filet et considéra fixement le petit homme.

— Cette fois, Fergus, tu es fait comme un rat ! miaula-t-il.

— Tiens ta langue, matou, ou je récupère toutes les souris que j'ai laissées dans le grenier ! cracha le lutin, fou de rage.

— J'aimerais tellement ! souffla Zelda.

Sabrina poussa un soupir. Elle était sans doute la seule de sa classe à retenir un lutin hargneux prisonnier dans sa cuisine. Il faut dire qu'elle était aussi la seule à avoir une tante sorcière fâchée avec un lutin.

— Mon pauvre Fergus ! ironisa Hilda. Tu vas être trop pris pour pouvoir faire quoi que ce soit aujourd'hui !

— Tu plaisantes, Hildy ? C'est la Saint-Patrick !

— Justement ! Et arrête de m'appeler Hildy !

— N'est-ce pas un peu rude de le garder ligoté là-dedans toute la journée ? demanda Sabrina.

— Tu ne dirais pas ça si tu avais dû danser la gigue chaque fois qu'un copain te disait bonjour ! rétorqua Zelda.

— Il ne fallait pas porter les chaussures de Hildy ! intervint Fergus. La poudre magique que j'y avais versée était destinée à ta sœur, pas à toi.

Hilda se débarrassa de sa ceinture de talismans et la posa sur la table.

— À propos de chaussures, Fergus...

— Je ne veux pas parler de ça !

— Très bien ! Tu vas donc passer ta journée préférée ficelé comme un poulet rôti.

— À ta place, Fergus, j'y réfléchirais à deux fois, chuchota Sabrina.

Le lutin la regarda d'un air soupçonneux :

— Tu es qui, toi, d'abord ?

— C'est notre nièce, Sabrina, intervint Zelda.

— Tu peux me croire, reprit la jeune fille, je connais tante Hilda, ce n'est pas une menace en l'air !

— Hélas, ma belle ! souffla le lutin. C'est la triste vérité, en effet ! Hildy Spellman est aussi têtue que le crachin d'Irlande. Elle ne renonce jamais.

— Vous formez un très beau couple ! Félicitations ! s'esclaffa Salem en sautant sur la table.

3.

Trois vœux

— Tu me dois trois vœux, Fergus ! lança Hilda.

— Cool ! s'exclama Sabrina.

Salem en louchait déjà de gourmandise :

— Je désire poisson frais, caviar, crevettes, thon à volonté... Miamffff...

Hilda l'interrompit en lui fourrant un cookie dans la gueule puis se retourna vers Fergus :

— Avant de te relâcher, je veux ta parole que tu ne disparaîtras pas dès que j'aurai le dos tourné.

— Les lutins peuvent disparaître comme nous ? demanda Sabrina, étonnée.

— Oui, dit Zelda. Si tu ne les surveilles pas, ils en profitent pour devenir invisibles.

— C'est ton premier vœu ? s'écria Fergus, plein d'espoir.

— Certainement pas ! Ça, c'est juste la

promesse que tu dois me faire pour que je te libère avant minuit.

— D'accord, marmonna Fergus sans conviction. Je jure que je ne me cacherai pas avant d'avoir entendu tes trois vœux.

— C'est bon, dit Hilda en pointant le doigt.

Fergus déboula sur le sol tandis que le filet s'évanouissait d'un coup.

— Tu lui fais confiance ? demanda Sabrina, stupéfaite.

Tout en époussetant sa veste rouge et sa culotte verte, Fergus lui lança un regard indigné, puis se mit à frotter les boucles argentées de ses chaussures.

— Parfaitement, dit Hilda. C'est un Celte, et un Celte préférerait mourir plutôt que de ne pas tenir parole.

— C'est hélas la pure vérité ! grommela Fergus en grimpant sur une chaise.

L'œil gourmand, il se servit un cookie au trèfle.

— Alors, tante Hilda, s'enquit Sabrina en se zappant un jus d'orange, qu'est-ce que tu vas demander ?

— Pourquoi pas... un cageot d'huîtres ? suggéra Salem d'une voix traînante.

— Hé ? s'inquiéta Zelda. Quel gâteau as-tu donné au chat ?

Hilda jeta un œil à l'assiette de cookies au trèfle. Aussitôt, elle fit la grimace.

— Oh, pardon !

Salem bascula et se couvrit les yeux avec ses pattes. Puis il ne bougea plus du tout.

— On ne peut rien faire pour lui ? demanda Sabrina.

— Malheureusement non, murmura Hilda. Mais ne t'inquiète pas, l'effet s'estompera d'ici à quelques heures.

— Sauf si tu formules le vœu que cette pauvre bête sorte immédiatement de sa stupeur, suggéra le lutin en mordant dans son cookie. Ils sont vraiment délicieux, Hildy !

— Ce n'est pas une mauvaise idée, tu sais, Hilda, intervint Zelda. Après tout, c'est ta faute si Salem se trouve dans cet état.

— Exact, renchérit Sabrina. Il n'a pas chipé ce cookie, c'est toi qui le lui as donné !

— Oh non ! Je ne vais sûrement pas gâcher un de mes vœux à...

— Miaouuuu ! chanta Salem d'une voix détraquée.

Et il entonna l'hymne irlandais. Hilda se boucha les oreilles.

— Bon, bon ! Je souhaite que Salem soit immunisé contre les effets du trèfle, marmonna-t-elle.

— Accordé ! dit Fergus en claquant des doigts.

Un tourbillon de poussière dorée enveloppa Salem. Il cligna des yeux.

Sabrina se pencha vers lui :

— Comment te sens-tu ?

Le chat toussa.

— J'ai le gosier un peu desséché. Tu n'aurais pas un bol de lait ?

— Et moi, s'écria Fergus, je boirais bien de ce breuvage, Hildy !

— C'est du punch de ma fabrication, dit Hilda en zappant un verre dans sa direction. Ne fais pas tant le fier, j'ai encore deux vœux à prononcer. Et j'aimerais d'abord que tu cesses de m'appeler Hildy.

— Accordé ! s'esclaffa le lutin en claquant des doigts de nouveau.

Le tourbillon doré vint lui entourer la tête.

— Quel sera ton troisième vœu, chère Hilda ?

— Tu m'as bien eue !

Les yeux verts du petit bonhomme brillaient de malice.

— Tu devrais pourtant savoir que nul ne peut se jouer d'un lutin !

Furieuse, Hilda le toisa du regard.

— Ah, vraiment ?

Sabrina buvait son jus d'orange en prenant mentalement des notes. Elle avait failli épouser Roland le troll parce qu'elle avait signé un contrat sans le lire. Elle ne tenait pas à commettre la même erreur avec un lutin. D'autant que Roland ressemblait à un prince charmant miniature à côté de l'affreux Fergus.

— Donne-moi encore du punch, dit celui-ci en tendant son verre.

— Je vais d'abord prononcer mon troisième vœu, déclara Hilda d'un ton catégorique.

— Pitié ! Du lait ! balbutia Salem.

— Pardon, s'excusa Zelda.

Étouffant un bâillement, elle pointa un bol pour le remplir.

— Tu es sûre de ne pas vouloir y réfléchir encore ? demanda le lutin à Hilda.

— Non.

Tout en lui versant une deuxième rasade de punch, elle articula :

— Je souhaite, Fergus le lutin, que tu me fabriques avant ce soir minuit la botte *gauche* assortie à la botte *droite* que tu m'as faite il y a cent vingt-cinq ans.

— Accordé, marmonna Fergus.

Un nouveau tourbillon doré lui entoura la tête.

— Bien, souffla Hilda, visiblement soulagée. Ensuite, je te paierai et nous serons quittes.

— Comme tu voudras, mais je trouve ça nul d'obliger un lutin à obéir à une sorcière ! Beurk !

— Tant pis pour toi, Fergus !

4.

Méfie-toi, Sabrina !

— Où est ma tasse préférée ? demanda Zelda en fouillant dans le placard.

— Miaooooou ! protesta Salem. Berk ! Fffft !

Il tournait comme un fou autour de son bol.

— Mon lait est tourné !

Interdite, Hilda renversa du punch sur la veste du lutin.

— Mais...

— Hé, Hilda ! s'écria Fergus. Je venais de faire nettoyer ma veste pour la Saint-Patrick !

— Ne me dis pas que c'est toi qui as fait tourner ce lait ! s'exclama Zelda.

— Ça t'étonne ? Je suis un lutin. Faire tourner le lait et disparaître sans crier gare, c'est mon boulot.

Zelda regarda Fergus droit dans les yeux :

— Où est ma tasse ?

— Voyons... si je l'ai cachée – je dis bien

si... –, elle pourrait se trouver dans le tiroir derrière toi.

— Bien joué, lutin ! Mais ne crois pas que je vais me retourner pour que tu puisses te sauver !

— Et comment veux-tu trouver ta tasse, ricana-t-il, si tu ne la cherches pas ?

Agacée, Sabrina intervint :

— Allez, quoi ! Sois mignon !

— Mignon !

Fergus reposa brutalement son verre sur la table.

— Oh ! là, là ! maugréa Salem. La gaffe !

Abasourdie, la jeune sorcière tressaillit quand le lutin sauta sur la table et la menaça de l'index :

— Tu ne vas pas t'en tirer comme ça !

Tapant du pied, il ordonna :

— Retire ce que tu as dit !

Hilda se pencha vers sa nièce :

— Obéis, les lutins détestent qu'on se moque d'eux !

En vérité, Sabrina ne trouvait pas mignon du tout ce petit lutin rabougri, ridé et désagréable. Pas question de lui faire ce plaisir, elle ne s'excuserait pas !

— Sabrina Spellman, tu n'auras que des ennuis tant que tu n'auras pas appris le respect ! siffla Fergus, furieux.

Jetant son bonnet sur la table, il se mit à tourner comme une toupie.

« Des ennuis ? se demanda Sabrina. Mais de quel genre ? »

Prise de vertige devant le lutin tourbillonnant, elle détourna les yeux. Apparemment, Hilda, Zelda et Salem firent de même. Et la catastrophe arriva. Lorsque Sabrina regarda de nouveau, Fergus avait disparu.

5.

Un peu de respect !

— Salem, tu n'as pas vu mon autre botte en daim marron ?

Sabrina sauta à cloche-pied jusqu'à son lit et regarda dessous. Pas de botte droite.

— Non, dit-il en achevant sa toilette. Tu sais, moi, les bottes...

— Je les avais encore toutes les deux hier !

Dépitée, elle s'assit à côté de Salem. Le matelas émit un drôle de son.

— Ne me dis pas qu'il vient de roter ! s'exclama-t-elle.

— Eh si ! confirma le chat.

Sabrina retira sa botte gauche et en zappa une autre paire. Cependant, leur couleur crème n'allait pas aussi bien avec sa jupe beige et sa veste vert émeraude que les marron.

— J'espère que Libby ne s'en apercevra pas.

— On parie ? railla Salem.

— Non, je sais qu'elle repère une faute de goût à cent mètres, mais je n'ai pas le temps de fignoler aujourd'hui.

Sabrina lança son sac à dos sur le lit et se mit à fouiller dedans :

— Où est mon cahier rouge à spirale ?

— À moins qu'il ne lui soit poussé des jambes dans la nuit, il doit encore se trouver sur ton bureau. Tu ne voudrais pas me zapper un plat de thon ? Je n'arrive pas à me débarrasser de ce sale goût de lait tourné.

— C'est ça, pour que je sente le poisson toute la matinée ! marmonna Sabrina en inspectant son bureau. Tiens, voilà des pastilles à la menthe pour chat.

— N'exagérons rien ! répondit Salem. Je n'ai pas mauvaise haleine à ce point-là.

Sabrina ouvrit le tiroir de son bureau et poussa un hurlement. Il grouillait de petits serpents verts.

Salem, le poil hérissé, feula tandis qu'ils quittaient leur cachette pour ramper sur le sol.

Le lit rota une nouvelle fois lorsque Sabrina grimpa dessus.

— Des serpents ! J'ai horreur des serpents !

Un rire flûté retentit.

— Ça va ! s'écria la jeune sorcière. Quel est le petit malin qui a fait ça ?

— Devine !

Fergus apparut soudain sur le rebord de la fenêtre. Il inclina son bonnet et cligna de l'œil.

— Avoue que c'était un super-tour, ma belle !

— C'est malin ! Pourquoi ne pas reprendre tes farces et tes serpents et repartir en Irlande ?

— C'est qu'il n'y a pas de serpents dans mon pays natal !

— C'est vrai. Saint Patrick les en a chassés au ve siècle. En tout cas, fais-les sortir de ma chambre. Et rends-moi ma botte, je suis sûre que c'est toi qui l'as cachée ! Sans parler de mon lit qui a une indigestion !

— Je n'ai *aucune* raison de faire ce que tu dis.

Sabrina tendit l'index :

— Alors veux-tu que je te change en une jolie petite broche ?

— Ce serait trop d'honneur pour moi ! déclara gravement Fergus avant de pouffer. Mais ta magie ne marchera pas aujourd'hui.

— Vraiment ? Mon doigt fonctionnait à merveille il y a encore quelques minutes.

Elle pointa l'index vers sa tête et fit apparaître deux adorables barrettes en forme de trèfle.

— Regarde !

— D'accord, mais ne t'amuse pas avec moi. N'oublie pas que je t'ai jeté un sort !

— Quel sort ? Ces *ennuis* dont tu parlais ?

— Exactement ! Ma magie rendra la tienne inefficace tant que tu ne m'auras pas présenté d'excuses.

— N'importe quoi !

Sabrina fit un pas et trébucha. Les lacets de ses chaussures avaient été attachés ensemble. Elle se pencha pour les dénouer, mais un bruit inquiétant la fit se redresser d'un bond :

— Oh non ! Salem, ne me dis pas que mon pantalon s'est décousu !

— Absolument pas ! assura Salem.

— C'est sûr ? demanda-t-elle en se contorsionnant pour vérifier.

— Parole d'honneur de chat ! affirma Salem.

— Si on ne peut plus s'amuser, grommela Fergus en achevant de déchirer un serpent de papier.

Soulagée, Sabrina dénoua les lacets puis aperçut le regard sarcastique du lutin.

— Quoi encore ? demanda-t-elle.

Il eut un sourire narquois.

— Oh, je me disais seulement que...

Dans un tourbillon d'or, il disparut et réapparut aussitôt, assis sur un champignon vénéneux géant.

Sabrina chassa en toussotant la poussière dorée. Comment tante Hilda avait-elle survécu à cent vingt-cinq ans de farces le jour de la

Saint-Patrick ? Encore cinq minutes de ce régime, et elle allait devenir folle.

— Sache que j'ai du respect pour toi, Fergus, souffla-t-elle.

— Parole d'honneur de sorcière ?

— Euh...

Elle n'avait aucune envie de jurer une chose fausse, car elle ignorait ce qu'il pourrait lui en coûter... il y avait des chances que ce soit pire que les plaisanteries de ce petit bonhomme ratatiné.

— En tout cas, je peux te dire franchement que je ne te trouve pas mignon. Tu es laid comme un pou, malfaisant.

— Rien de plus vrai, mais à côté de la plaque. Si tu veux te montrer tout à fait honnête, avoue que ce n'est pas demain la veille que tu respecteras les gens de mon espèce.

— En effet, soupira-t-elle. Comment veux-tu que je respecte quelqu'un qui trouve drôle de faire roter mon lit ?

— Si je comprends bien, tu n'as pas envie de me rendre un petit service pour que je retire mon sort ?

— Ça dépend. Quel genre de service ?

6.

Un étrange marché

— Si tu voles l'or du roi des farfadets, je te laisserai tranquille.

Sabrina cligna des yeux.

— Tu plaisantes ?

— Un lutin ne plaisante *jamais* quand il est question d'or. Ce qui l'intéresse, ce n'est pas de le dépenser mais de l'amasser.

— À quoi ça rime d'avoir de l'or si tu ne peux pas y toucher ? demanda Salem.

Il sauta sur le lit, qui eut un hoquet.

— C'est à la quantité de ses richesses qu'on mesure l'importance d'un farfadet, expliqua Fergus. Il n'existe pas de plus beau spectacle au monde que le scintillement de l'or !

— Et où suis-je censée trouver celui du roi ? s'enquit Sabrina.

— Où pourrait-il le cacher, à ton avis ? dit

Fergus, moqueur. Au pied de l’arc-en-ciel, tiens !

— Au pied de l’arc-en-ciel ? balbutia Sabrina. Qu’est-ce que c’est encore, ce piège ?

— Oh, trois fois rien ! intervint Salem. *Si* le roi Kevin t’attrape, il t’enfermera dans la Montagne aux Fées et tu seras son esclave à jamais.

Furieux, Fergus se planta devant lui :

— Hé ! toi, matou, tu veux finir tes jours en nain de jardin ?

— Tante Hilda avait raison, Fergus ! fulmina Sabrina. Tu n’es qu’un vulgaire escroc. Tu ne lui as pas dit que tu ne lui fabriquerais qu’une seule botte, et tu ne m’aurais jamais prévenue des risques que je courais en dérobant l’or du roi !

— Je ne vois pas pourquoi je l’aurais fait, bougonna-t-il en haussant les épaules. Étant donné ton total manque de respect, Sabrina, à ta place j’accepterais mon offre.

— Tu peux toujours courir ! maugréa-t-elle.

— À ta place j’accepterais, moi aussi, souffla Salem. Avec une jarre d’or, je pourrais me payer du poisson frais jusqu’à la fin de mes jours.

Pour se faire mieux comprendre, Fergus claqua des doigts.

Un halo de poussière d’or apparut autour de la tête de la jeune sorcière puis l’enveloppa tout entière, la transformant en un gigantesque aimant. Elle hurla de terreur lorsque tous les objets métalliques de son bureau – trombones, plumes, boucles d'oreilles – vinrent se plaquer contre ses vêtements.

Fergus claqua de nouveau des doigts. Toute la quincaillerie tomba aux pieds de Sabrina.

— Alors, c'est oui ? insista Fergus.

Sabrina n'avait pas du tout l'intention d'accepter le marché, mais il lui fallait gagner du temps.

— Tu permets que je réfléchisse un peu ? Sans me distraire par d'autres farces ?

— Soit, piailla Fergus. Je reviendrai te voir d'ici peu.

— Dans combien...

Déjà le lutin et son champignon avaient disparu.

Sabrina attrapa son cahier à spirale qui venait d'atterrir sur le bureau et enfila ses bottes marron qui, elles aussi, refaisaient surface. Du moins Fergus tenait-il ses promesses.

7.

Arrête ton char, Libby !

— Calme-toi, Hilda, tu vas t'en tirer comme un chef.

— Je suis calme.

Zelda secoua la tête. Sa sœur était plus nerveuse que jamais à l'idée de passer cette fichue audition pour l'orchestre symphonique de Westbridge. Même s'il ne s'agissait que d'un remplacement de trois mois, cela ferait bien sur son CV.

— Et puis tu n'as pas à t'inquiéter des mauvais tours de Fergus. C'est déjà ça.

— Je sais, mais ça me fait tout drôle. J'ai tellement l'habitude d'avoir les nerfs à fleur de peau le jour de la Saint-Patrick que je n'arrive pas à me détendre vraiment.

Elle enfila un manteau sur son tailleur vert sapin et prit son violon.

— J'y vais. Le conseil municipal a déjà

interdit plusieurs rues à la circulation à cause du défilé et le chef d'orchestre déteste les retardataires.

— C'est vrai, j'avais oublié la fête !

— Sois gentille, rends-moi un immense service !

— Holà ! S'il s'agit de teindre qui que ce soit en vert...

— Non, tu offres juste cette assiette de cookies sans trèfle à M. Kraft. En gage de paix.

— Vous vous êtes encore disputés ?

Hilda et le proviseur du lycée de Westbridge avaient des relations pour le moins mouvementées. Zelda n'essayait même plus de compter les points.

— Non. Enfin... Oui ! Il m'a demandé de lui rendre un service ce soir et j'ai refusé.

Zelda était très curieuse d'en savoir plus.

— Que voulait-il ?

— Si je te le disais, tu ne me croirais pas.

Hilda, croisant les doigts, ouvrit la porte d'entrée.

Sans insister, Zelda zappa et troqua son jean pour un pantalon noir, un blazer vert sombre et un corsage coquille d'œuf. Tout en allant chercher les cookies, elle ajouta un œillet à sa boutonnière.

Les deux assiettes étaient toujours sur la table. Zelda prit les cookies sans trèfle.

Elle recouvrit l'assiette de Cellophane et la porta jusqu'à la voiture. Pour la première fois depuis que la Saint-Patrick était fêtée officiellement aux États-Unis, elle n'avait pas à redouter que Fergus vienne lui gâcher son plaisir.

— *Dia duit*, Sabrina !

Toute de vert vêtue en l'honneur de l'Irlande, Valerie salua sa meilleure amie en celte.

— C'est un grand jour ! ajouta-t-elle.

— Pour moi, il est déjà fichu, maugréa Sabrina.

Valerie ouvrit de grands yeux.

— Mais la journée est à peine commencée ! Qu'est-ce qui t'arrive ?

Sabrina hésita, puis se jeta à l'eau, quitte à se couvrir de ridicule.

— Eh bien, tout a commencé quand ma tante Hilda a attrapé un lutin grincheux dans la cuisine à cause d'une histoire de bottes.

Valerie éclata de rire.

— Ouf ! Tu me faisais marcher !

— Pas du tout. Et, crois-moi, ces lutins sont loin d'être des gens sympathiques.

— Ça alors ! Ils ont l'air si mignons !

Apercevant Harvey, Sabrina l'appela pour faire diversion.

— Salut, les filles ! dit-il en s'approchant. Vive la Saint-Patrick !

La jeune sorcière se figea soudain : Fergus ricanait entre ses deux amis. Bien sûr, elle était la seule à le voir, mais ça ne la rassurait pas.

— Tu en fais une tête, aujourd'hui ! lui reprocha Valerie.

— C'est... que je n'ai pas passé une très bonne nuit.

Harvey lui décocha son adorable sourire de chiot.

— Fais comme moi... Dors pendant le premier cours.

— Alors, ma belle ? demanda Fergus. Es-tu décidée à aller me chercher le trésor du roi ?

— Je n'ai pas encore pris ma décision, dit-elle avec un sourire forcé.

— C'est inutile, rétorqua Harvey. Il suffit de s'assoupir, point final.

Le lutin toucha son bonnet.

— À bientôt, ma belle.

Et il disparut dans un gloussement, laissant une traînée de poudre d'or derrière lui.

— Tu as fait des cauchemars, Sabrina ? demanda Valerie.

— De la gnognote comparés à ceux qui nous guettent.

En apercevant Libby, Sissi et Jill qui se dirigeaient vers eux, Sabrina entraîna ses amis, mais les trois majorettes leur bloquèrent littéralement le passage. Elles portaient leur uniforme vert et blanc orné de broches en forme de trèfle et des chaussettes vertes.

— Décidément, lança Libby, n'importe qui arbore les couleurs de l'Irlande, aujourd'hui ! Harvey, je sais que l'équipe de football va s'y mettre aussi. Je te garderai une place sur le char.

— Tu te prends pour Gladiator ! lâcha Sabrina.

— Non, expliqua Jill en faisant voler ses cheveux blonds. Tous les joueurs de foot et toutes les pompom girls vont défiler sur le char de Westbridge.

— C'est vrai ? s'écria Valerie. Moi qui ai toujours rêvé de faire partie de la parade de la Saint-Patrick... Et si je vous accompagnais en tant que mascotte de l'équipe ?

— J'ai plus de chances d'embrasser un lutin et de danser la gigue sur un champignon que toi de parler avec une majorette, lança Libby.

Sur ce, elle éclata de rire et s'éloigna avec sa petite cour.

— Pourquoi est-ce qu'elle me déteste tellement ? se lamenta Valerie.

— Aucune idée, avoua Sabrina. Cela dit, tu ne loupes pas une occasion de lui donner des bâtons pour te faire battre.

8.

Sabrina n'est pas folle

Sabrina ouvrit son casier tout en demandant d'un ton détaché :

— Au fait, Harvey, pourquoi ne m'as-tu pas dit que tu faisais partie de la parade ?

— Parce que je fais tout mon possible pour ne pas y aller. Franchement, ça ne me branche pas des masses de passer mon après-midi sur un char...

— Tu as raison, dit Valérie. Il y a des tas de trucs plus excitants que de rouler à deux à l'heure derrière un orchestre et de saluer une foule en adoration. N'empêche... Pour le moment, je n'en vois aucun.

Sabrina laissa tomber son lourd sac à dos sur le sol.

— Aïe !

Elle tressaillit. « Salem ? »

— Ton sac à dos parle, déclara Valerie d'un ton égal.

— N'importe quoi !

— Si ! renchérit Harvey. Il a dit « aïe » !

— Mais non !

Le temps que Valerie et Harvey s'interrogent du regard, elle pointa en douce le chat dans son casier puis ouvrit son sac à dos.

— Vous voyez ? Il n'y a que mes livres et mes cahiers dedans.

La cloche sonna. Harvey parut se réveiller :

— Ouille ! Il faut que je passe rendre un bouquin en retard à la bibliothèque avant le cours, sinon j'ai droit à une amende. À plus, Sabrina !

— À plus, répéta celle-ci.

Son cœur se mit à battre quand elle entendit des grattements dans son placard, mais Valerie semblait trop pressée pour y faire attention.

— Je file ! On se retrouve au second cours !

Elle lui adressa un signe de la main et fonça vers l'escalier.

Adossée à son casier, Sabrina espérait que le proviseur ne la repérerait pas. Dans son dos, le raffut continuait de plus belle :

— Laisse-moi sortir ! cria une voix étouffée.

— Tais-toi !

Elle adressa un sourire plein d'innocence à M. Kraft qui venait de s'arrêter brusquement et se tournait lentement vers elle.

— Joyeuse Saint-Patrick ! lança-t-elle.

— Ne vous moquez pas de moi, Sabrina ! Qu'est-ce qui fait tout ce boucan dans votre casier ?

— Euh... un chat... ou un lutin ?

— Méfiez-vous ! Ma patience a des limites !

Levant un index menaçant vers elle, il s'éloigna comme un ouragan.

Sabrina ouvrit en grand la porte de métal. Le chat la fusilla du regard.

— Qu'est-ce que tu fiches ici, Salem ?

— Je voulais sortir pour la Saint-Patrick. Depuis trente ans que je vis chez Hilda et Zelda, c'est la première fois que je ne suis pas obligé de me cacher dans un placard à cause de ce maudit lutin. Mais je n'imaginais pas me retrouver enfermé dans un casier métallique.

— Tu n'avais pas besoin de te dissimuler dans mon sac à dos pour aller à la fête !

Elle sourit bêtement à deux élèves qui passaient. « Super. À l'heure du déjeuner, tout le lycée saura que je parle à mon casier ! »

— J'espérais réussir à te convaincre de chiper l'or du roi, ajouta Salem.

— C'est hors de question !

Elle tendait le doigt pour renvoyer le chat à la maison lorsque Fergus apparut à côté de lui. Salem se hérissa, mais le lutin ne semblait voir que Sabrina.

— Alors ? la pressa-t-il. Tu as choisi ? Sac à malice ou sac cousu d'or ?

— Est-ce qu'il y a une galerie marchande dans la Montagne aux Fées ?

— Absolument pas ! Les lutins artisans ont des échoppes.

— Dans ces conditions... Jamais je ne pourrai survivre une éternité sans boutiques. Tant pis pour la jarre du roi.

— Tu vas le regretter !

La cloche sonna de nouveau.

— Ça y est ! Je suis en retard à mon cours !

— Dépêche-toi ! dit Salem.

— Pas avant que je ne t'aie renvoyé à la maison, toi !

Elle tendit le doigt. Fergus leva la main.

Un tourbillon doré enveloppa le chat et disparut avec lui.

— Qu'as-tu fait, Fergus ?

— Trois fois rien. Je lui ai simplement jeté un sort pour la journée. Salem peut devenir invisible tant que ça lui chante, jusqu'à minuit.

— Génial ! s'écria la voix de Salem.

Sabrina le vit reparaître à ses pieds. Apparemment, la journée courait à la catastrophe à la vitesse grand V.

9.

M. Kraft connaît la musique

Zelda s'arrêta à la réception de l'école.

— Excusez-moi, est-ce que M. Kraft est là ?

— Oui, répondit Mme Atherton, la secrétaire, mais il ne veut être dérangé sous aucun prétexte. Et vu son humeur, j'espère qu'il restera bouclé dans son bureau jusqu'à ce soir.

— À ce point ? Mais vous savez, j'ai là quelque chose qui devrait lui faire plaisir, insista Zelda.

— Allez-y, mais à vos risques et périls !

La secrétaire secoua la tête et se plongea dans ses dossiers.

La sorcière s'arma de courage et frappa à la porte.

— Allez-vous-en ! hurla la voix de M. Kraft. Décampez ! Du vent !

— C'est Hilda qui m'envoie.

Zelda se pencha contre le panneau, dans

l'attente d'une réponse. Si bien qu'elle faillit tomber lorsque le proviseur ouvrit la porte brusquement.

— Elle accepte ?

L'air hagard, les cheveux en bataille, les lunettes de travers, il se tordait les mains.

— Il vaudrait peut-être mieux que nous en parlions en privé, dit Zelda.

— Alors elle ne veut pas...

Il recula en s'essuyant le front.

— Je suis perdu !

— Pas forcément, murmura Zelda en refermant la porte. Je pourrais peut-être vous aider.

Il lui jeta un regard désespéré.

— Est-ce que vous savez chanter ? Jouer de la guitare ? De l'harmonica ? Des castagnettes ? Du bodhran ?

— Qu'est-ce qu'un bodhran ?

— Un tambour irlandais. Quand je vous dis que je suis perdu ! Je vais être la risée de tout Westbridge avant minuit !

Il se laissa tomber dans son fauteuil.

— C'est ma faute ! se lamenta-t-il. Mais aussi, comment aurais-je pu laisser passer l'occasion de ma vie !

— Racontez-moi ça, dit Zelda d'une voix apaisante. Et commencez par le commencement.

— Vous me promettez de ne pas rire ? Je suis

chanteur folk, celtique plus précisément. Du moins chez moi, sous la douche ou dans mon salon, là où personne ne peut m'entendre.

Zelda dut effectivement déployer tous ses efforts pour ne pas rire ; elle parvint à hocher la tête de l'air le plus sérieux de la terre.

Encouragé, M. Kraft poursuivit :

— J'ai toujours rêvé de monter sur scène. Mais je n'ai jamais eu le courage de me lancer. Jusqu'au jour où j'ai entendu le propriétaire du *Café Irlandais* se plaindre que tous les chanteurs étaient déjà retenus pour la Saint-Patrick.

— Alors vous vous êtes proposé ?

— Je n'ai pas pu m'en empêcher ! C'est sorti presque malgré moi. Comment aurais-je pu deviner qu'il allait me prendre au mot ? Il a déjà préparé toute sa publicité et il veut même me payer !

— Mais c'est formidable ! s'exclama Zelda.

Certes, elle avait du mal à imaginer le proviseur en train de pousser la chansonnette avec sa guitare, mais elle était contente de voir qu'il pouvait s'intéresser à quelque chose de plus poétique que la discipline du lycée.

— Et alors ? reprit-elle. Où est le problème ?

— Je suis mort de trac ! Je ne vais pas pouvoir émettre une seule note, j'en suis sûr ! C'est pour ça que j'ai demandé à Hilda de m'accompagner, afin que nous chantions en duo.

— Oh ! là, là ! souffla Zelda. Hilda n'y connaît rien en musique irlandaise.

— C'est ce qu'elle m'a dit. Mais vous ne pourriez pas la faire changer d'avis ? Je vous en prie !

— Euh... je vais essayer. Mais, au cas où je n'y parviendrais pas, tâchez de prévoir une autre solution.

— Je n'en vois qu'une : annuler.

M. Kraft tendit la main vers le téléphone.

— Et perdre ainsi votre seule chance de réaliser votre rêve ?

— Ça vaut mieux que de recevoir des tomates et des œufs pourris.

— Écoutez, tous les artistes ont le trac avant de se produire. Il vous suffirait de quelques amis dans la foule pour vous donner du courage.

— Je n'ai pas d'amis. Je n'en ai jamais eu.

« Tu m'étonnes... » Au bord de l'exaspération, Zelda se leva et rattrapa au vol l'assiette de cookies qu'elle avait posée sur ses genoux.

— Tenez, Hilda vous envoie ceci.

— Vraiment ? Merci beaucoup.

10.

Farces et attrapes

Sabrina se glissa à sa place pour le cours d'histoire et ferma les yeux. Elle commençait à s'assoupir lorsqu'une main sur son épaule la fit sursauter.

— Oh, pardon ! s'écria Valerie. Je ne voulais pas te faire peur. Est-ce que tu aimerais venir voir le défilé avec moi, cet après-midi ?

— Je vais y réfléchir. J'ai d'abord un petit problème à régler.

Un problème appelé *Fergus !* Au cours précédent, toutes ses mines de crayon s'étaient cassées et elle n'avait cessé de perdre la page de son livre de maths. À ce rythme, elle tomberait en dépression nerveuse avant le déjeuner.

Elle se redressa sur son siège en soupirant. Si elle ne trouvait pas très vite un moyen d'annuler les farces du lutin, tous ceux qui l'approcheraient à moins de dix mètres seraient en danger.

— Quelle barbe ! compatit Valerie. Je peux t'aider ?

— Es-tu prête à m'accompagner au pied de l'arc-en-ciel pour y voler une jarre d'or, au risque de devenir esclave à vie du roi des farfadets ?

Valerie se mit à rire :

— Avec plaisir ! Je ne sais pas ce qui t'embête mais, au moins, tu n'as pas perdu ton sens de l'humour.

Elle alla s'asseoir à sa place tandis que Sabrina commençait à se demander si elle ne ferait pas mieux d'aller effectivement chercher cette jarre d'or. Tout plutôt que de subir plus longtemps ces farces stupides.

— Alors, c'est là que tu passes tes journées ? demanda Salem.

Elle sursauta de nouveau. Le chat devait être assis sur la pile de livres en face d'elle. Mais comme il était invisible, difficile de le localiser.

— Chuuut ! souffla-t-elle en jetant des regards inquiets alentour.

— Je n'ai rien dit ! protesta Dan Seaver, son voisin.

Le garçon écarquilla les yeux quand un papier, sur son bureau, se chiffonna soudain en boule et vola à travers la classe.

— Hé ! Mon devoir !

« Encore Fergus ! »

La pile de livres vacilla quand Salem bondit à la poursuite de la boule de papier.

— Tous les mêmes, ces matous ! ricana Fergus.

Et le pauvre Dan de courir derrière sa feuille, qui lui échappait chaque fois qu'il croyait mettre la main dessus !

Malgré les rappels à l'ordre de M. Warner, tous les élèves se mirent à rire et à encourager leur camarade.

— Alors ? demanda le lutin. Tu n'as toujours pas changé d'avis pour l'or du roi ?

— Non.

Tandis qu'elle prenait son cahier rouge à spirale, Fergus poussa calmement ses livres. Ils tombèrent par terre avec fracas. Toutes les têtes se tournèrent vers Sabrina.

— Je le tiens ! s'exclama Dan en brandissant son devoir transformé en balle de ping-pong.

— Mademoiselle Spellman, pourquoi lancez-vous vos affaires à travers la classe ? dit M. Warner.

Ébahie, Sabrina cligna des yeux.

— On s'est bien amusés ! s'écria Salem en lui sautant sur les genoux.

— Mademoiselle Spellman ! Vous rirez moins en colle cet après-midi ! dit M. Warner.

À cet instant, un élève entra dans la classe et tendit un papier au professeur.

Sabrina jeta un regard noir à Fergus.

— Hé ! se défendit-il, je n'y suis pour rien si certains ne comprennent pas la plaisanterie.

— Ne la collez pas aujourd'hui, monsieur Warner ! intervint Valerie en se levant. Nous défilons !

— Eh bien, ce n'est pas de chance, car vous et Mlle Spellman êtes convoquées chez M. Kraft. Immédiatement !

Sabrina n'en revenait pas. Le proviseur lui avait bien donné un avertissement ce matin, mais elle ne l'avait pas vu depuis. Il en fallait deux autres pour être collé.

— Mais je n'ai rien fait ! gémit Valerie.

— Moi non plus, murmura Sabrina, à part avoir été aimable avec M. Kraft !

— Je parie que c'est encore un coup de Libby.

11.

Cookie surprise

De fait, Libby se trouvait déjà dans le bureau de M. Kraft. Elle pâlit en voyant arriver les deux amies.

— Hé, attendez !

Sabrina et Valerie s'immobilisèrent sur le seuil, puis furent poussées dans la pièce par Harvey qui arrivait en courant.

— Je croyais que vous vouliez me voir pour quelque chose d'important, explosa Libby. Que font ces bouffons ici ?

— Malheureusement, j'ai besoin d'eux, gémit le proviseur. Je suis perdu.

Salem, toujours invisible, se frotta contre les jambes de Sabrina. Fergus apparut, allongé sur une étagère, se tenant la tête d'une main, faisant signe à la jeune fille de l'autre.

— Vous devez vous demander pourquoi je vous ai convoqués, reprit M. Kraft.

— Tout à fait ! dit Libby en croisant les bras. Car je n'ai strictement rien à voir avec ces gens-là.

— Si, vous avez quelque chose en commun. Vous avez tous joué dans la fanfare de l'école et vous vous en êtes tirés. Plus ou moins bien, je le reconnais, mais vous êtes mon dernier espoir.

Libby soupira puis s'assit devant M. Kraft :

— En quoi puis-je vous aider ?

Tous gardèrent le silence lorsque le proviseur expliqua qu'il faisait ses débuts le soir même au *Café Irlandais*. Mais quand il eut terminé, chacun le regarda en ouvrant de grands yeux.

— Eh bien, puisque l'affaire est réglée... lança M. Kraft avec un sourire crispé, en prenant un paquet de partitions.

Libby bondit de sa chaise.

— Mais non ! Rien n'est réglé ! s'exclama-t-elle. Personnellement, je ne verrais aucun inconvénient à vous aider à chauffer une salle, mais sûrement pas en compagnie de ces faux Irlandais !

Les traits de M. Kraft se tordirent en un masque de douleur :

— Je vous en priiiiie !

— Quelle poule mouillée, ce Willard ! observa Fergus en sautant sur son bureau.

Pourtant, il possède un si mauvais caractère qu'il me plairait presque !

— Ben voyons ! marmonna Sabrina.

L'air important, Libby haussa un sourcil.

— Que me proposez-vous en échange ?

— Par exemple de faire transporter les majorettes en limousine au lieu de l'autocar pour les matchs à l'extérieur ?

— Tope là !

M. Kraft poussa un soupir de soulagement et se mit à distribuer les partitions :

— Voici les paroles et la musique des chœurs...

— Attendez ! dit Sabrina en se levant.

Le chat tomba lourdement sur ses pattes mais personne n'y prit garde.

— Et nous, continua la jeune sorcière, qu'allons-nous gagner dans cette histoire ? Nous serions ravis de vous aider, bien sûr, mais, alors que Libby aura votre reconnaissance éternelle et une limousine, nous...

— Ne vous inquiétez pas, vous ne serez pas oubliés. Tenez, prenez donc un cookie !

Il leur tendit l'assiette que venait d'apporter Zelda.

— Que c'est gentil ! s'exclama Libby après en avoir pris délicatement une bouchée. Oh ! Ils sont délicieux !

— C'est vrai ! approuva Valerie en goûtant le sien.

— On dirait les cookies au trèfle de tante Hilda, observa Sabrina en croquant un morceau. Sauf qu'ils ont un drôle de goût.

— Drôle comment ? s'enquit Salem.

— Ce sont bel et bien les cookies de votre tante, confirma M. Kraft. Zelda vient de me les apporter.

— D'où sort ce chat noir ? demanda Harvey en se frottant les yeux.

— Quel chat noir ?

Le proviseur avala son cookie, voulut en reprendre un et s'arrêta dans son élan.

— Il y a un petit bonhomme sur mon bureau.

Valerie éclata de rire, puis haleta.

— Oh mon Dieu ! Mais c'est un vrai lutin !

— Hé oui ! dit la petite créature en ôtant son bonnet et en s'inclinant. Fergus, à votre service.

— Cool ! Moi, c'est Harvey !

— Les lutins n'existent pas ! glapit Libby.

Interdite, Sabrina se contentait de regarder.

— Je ne suis donc plus invisible ? gémit Salem.

À part Libby, personne ne semblait s'étonner de la présence d'un chat doué de parole et d'un farfadet.

— Tu n'en crois pas tes yeux, ma belle ? lança Fergus à la majorette.

Comme d'habitude, elle ne se laissa pas intimider :

— Je ne vois qu'un petit vieux très ratatiné.

Sabrina commençait à comprendre :

— Fergus ! C'est toi qui as échangé les assiettes ! Tante Hilda n'aurait jamais envoyé les cookies au trèfle à M. Kraft !

— Bien, tu comprends vite, ma belle !

Quant à M. Kraft, il semblait d'un calme surprenant :

— J'ai droit à trois vœux, c'est ça ?

— Seulement si tu captures un lutin, ce qui n'est pas le cas ! lança Fergus. Cela dit, cela t'intéresserait-il d'aller me chercher la jarre d'or au pied de l'arc-en-ciel ?

Un nuage doré envahit la pièce quand Fergus agita la main. Bouche bée, les mortels regardèrent avec une certaine crainte un arc-en-ciel se former dans un coin du bureau.

Sabrina poussa un gémissement.

12.

Les marches de l'arc-en-ciel

Hilda entra dans la cuisine en traînant les pieds, posa son violon sur la table et s'affala sur une chaise.

Zelda leva la tête de son journal :

— Ça n'a pas marché ?

— Bof... J'ai bien joué, mais pas mieux que les autres candidats.

— Alors, tu as une chance ?

— Sans doute. Mais tu te rends compte ? J'avais le trac !

— Ça ne te ressemble pas.

— Surtout après deux cents ans d'auditions ! Ces professionnels, avec leurs regards critiques braqués sur moi, m'ont fait perdre confiance.

— Alors pourquoi as-tu refusé d'aider ce pauvre M. Kraft ? Il est plus paniqué que les élèves lorsqu'il les convoque dans son bureau.

— En effet, c'est grave ! commenta Hilda en tendant la main vers l'assiette de cookies.

— Fais attention, dit Zelda. Ce sont les cookies au trèfle !

— Tant pis, les émotions, ça creuse ! Et puis je ne penserai plus à l'audition si je vois des lutins dévaliser tous les placards de la maison. Alors, tu disais, pour Willard ?

— J'ai décidé d'aller lui soutenir le moral ce soir. Et je trouve que le moins que tu puisses faire serait d'aller l'applaudir toi aussi. Même si c'est le pire de tes amoureux.

Hilda fit la grimace.

— Pas le pire... mais presque. Au fait, tu vois ce que je vois ?

— Quoi ?

Hilda blêmit.

— Ou plutôt ce que je ne vois pas ! Pour la Saint-Patrick, on dirait qu'il n'y a pas un lutin qui traîne dans nos murs...

Les deux sœurs se levèrent d'un bond.

— Fergus a dû échanger les gâteaux ! fulmina Zelda.

— Mais alors...

— Alors j'ai donné les cookies au trèfle à M. Kraft !

— Et Willard qui ne supporte pas la moindre bizarrerie ! Les lutins vont le rendre fou !

— Allons-y ! s'écria Zelda.

Avant que Sabrina ait compris ses intentions, le proviseur avait ouvert la porte et tendu l'assiette à sa secrétaire. Apparemment, il n'avait pas fait le lien entre les cookies et les lutins.

— Pardonnez-moi de m'être montré un peu brusque avec vous ce matin !

Surprise, Mme Atherton accepta avec plaisir ce gage de paix. Sabrina tenta de s'interposer :

— Mais...

M. Kraft la réduisit au silence d'un regard et revint s'asseoir dans son fauteuil.

— On dirait que nous n'allons pas être les seuls à profiter de la Saint-Patrick, observa Salem.

— Mon cher Fergus, déclara M. Kraft en joignant les mains, laissez-moi mettre les choses au clair. Si nous faisons un tour sur cet arc-en-ciel, nous trouverons une jarre d'or au bout du voyage...

— C'est la vérité vraie, confirma le lutin. Et chacun aura droit à sa part.

— Attendez, M. Kraft, intervint Sabrina. Si le roi Kevin vous attrape, il vous enfermera dans la Montagne aux Fées et vous n'en sortirez plus jamais.

— Oui, mais si je réussis, je serai riche et je n'aurai plus jamais besoin de m'occuper d'un seul élève ! C'est décidé, je pars !

— Si M. Kraft part, dit Libby en se levant, moi aussi. En ce moment, le cours de l'or grimpe. Je pourrai bientôt m'acheter tout ce que je voudrai !

— Ça m'en fera, des sushis ! approuva Salem.

— Je ne veux pas rater ça ! s'enthousiasma Valerie. Des lutins, des arcs-en-ciel et des jarres d'or ! Quelle façon géniale de fêter la Saint-Patrick !

— Ce sera plus amusant que la parade ! renchérit Harvey.

Sabrina leva les bras au ciel. Contrairement à ce que disait tante Hilda, les mortels ne semblaient pas effrayés le moins du monde par ce qu'ils découvraient.

— Je suis prêt, dit M. Kraft en rajustant ses lunettes. Quand vous voulez...

— Parfait !

Fergus sauta du bureau et, d'un geste, désigna l'arc-en-ciel. Une porte s'ouvrit dans la brume irisée, dévoilant un escalator multicolore.

— Par ici, je vous prie !

Toute cette histoire sentait le coup monté. Comment Sabrina aurait-elle eu le cœur d'abandonner ses amis, et même ses deux pires ennemis ?

13.

Des guerriers d'un autre âge

— À moi l'honneur, on dirait ! déclara Harvey en franchissant le seuil décoré.

Il s'avança vers l'escalator, qui s'arrêta au moment où il posait le pied sur la première marche.

— Grimpe un peu, mon gars ! ordonna Fergus. Il se remettra en marche dès que nous nous trouverons tous dessus. Et que chacun s'accroche aux poignées. Je ne veux pas de chute dans les couleurs de l'arc-en-ciel avant l'arrivée.

— Que se passe-t-il dans les couleurs de l'arc-en-ciel ? demanda Libby.

— Le temps que vous arriviez à vous en dégager, vous ne reconnaîtrez plus aucune couleur.

— Mon Dieu ! Je ne pourrais plus assortir mes vêtements ! s'écria Libby, horrifiée.

L'un après l'autre, ils s'engagèrent dans

l'escalier, Sabrina fermant la marche, avec Salem dans les bras. À peine avait-elle saisi la poignée que l'engin se mit en route.

— Ouaaaais ! s'exclama Harvey.

Ce n'était pas aussi lent que dans les magasins ; au contraire, ils eurent l'impression de décoller à la vitesse de la lumière pour s'engouffrer dans une boîte de crayons de couleur géante.

Les yeux écarquillés de terreur, M. Kraft s'accrochait des deux mains. Libby hurlait et Valerie gardait les paupières closes. Salem planta ses griffes dans la chemise de Sabrina. Autour d'eux, une étourdissante cavalcade de couleurs scintillaient dans tous les sens, à leur donner le vertige.

Enfin, l'escalator ralentit puis s'immobilisa, laissant ses passagers un peu étourdis.

— Je vais m'évanouir ! geignit Valerie.

— Ça vaut toutes les montagnes russes ! commenta Harvey.

Derrière lui, M. Kraft semblait complètement pétrifié. Soudain, il expira d'un coup tout l'air qu'il retenait dans ses poumons. Libby le prit par le bras pour l'aider à franchir la porte de l'arc-en-ciel.

Sabrina et ses amis se retrouvèrent dans une clairière verte entourée d'arbres aux troncs gigantesques.

— Que c'est beau ! s'écria Valerie. Où sommes-nous ?

— En Irlande, dit fièrement Fergus.

— Mais, remarqua M. Kraft d'une voix étranglée, ces arbres ont l'air dix fois centenaires ! Je croyais que la plupart des forêts de l'île d'Émeraude avaient été coupées au fil des derniers siècles !

— Eh oui ! approuva Fergus.

— Qu'est-ce que c'est ? couina Libby en apercevant une sorte de cerf de la taille d'un éléphant.

— Un élan d'Irlande, répondit Fergus avec tristesse. Personne n'en verra jamais aucun au XXIe siècle. Ils se sont éteints il y a mille ans.

— Une minute... balbutia Sabrina en contemplant le majestueux animal. Je sais où nous sommes, Fergus, mais à quelle époque sommes-nous ?

Des hommes aux cheveux longs, armés de boucliers et d'épées, surgirent dans la clairière. Ils portaient de grossières tuniques attachées par une ceinture, ainsi que des sandales ou des bottes.

— En gros, mille neuf cents ans avant Jésus-Christ, dit Fergus. Tenez, là-bas, c'est Lug au Long Bras, l'un de nos plus célèbres ancêtres.

— Il ne vous a pas transmis sa carrure, observa méchamment Libby.

Voyant les impressionnants guerriers se rapprocher dangereusement, M. Kraft tapa dans ses mains, comme si la récréation était finie :

— Allons, les enfants, on s'en va !

Fergus lui barra la route.

— Eh bien, non ! C'est impossible, annonça-t-il.

— Je m'en doutais ! s'écria Sabrina. Tu nous as encore trompés !

— Mais non, mais non ! Il vous faut juste aller jusqu'au bout de l'arc-en-ciel avant de pouvoir rentrer chez vous. Et vous ne pourrez continuer votre route que s'il vous y autorise, ajouta le lutin en désignant Lug qui s'avançait l'épée levée et le regard froid comme de la glace.

— On dirait M. Kraft quand il va nous infliger une colle ! murmura Sabrina.

Cependant, le proviseur avait d'autres soucis en tête :

— Fuyez ! cria-t-il à la cantonade.

Tous prirent leurs jambes à leur cou. Lug et ses hommes se lancèrent à leurs trousses en poussant des cris épouvantables.

14.

Un trèfle contagieux

Hilda et Zelda entrèrent en trombe dans le bureau de M. Kraft. Vide.

— On arrive trop tard ! murmura Zelda, effondrée.

— Qu'en sais-tu ?

Elle n'attendit pas la réponse de sa sœur pour comprendre : elle venait d'apercevoir l'arc-en-ciel qui s'évanouissait entre deux murs.

— Pauvre M. Kraft !

— Allons donc ! protesta Hilda. Willard n'a pas un brin de fantaisie. Il n'est pas du genre à se laisser embobiner par un lutin pour rechercher une jarre d'or au pied d'un arc-en-ciel.

— Depuis combien de temps Fergus te demande-t-il de t'emparer du trésor du roi Kevin ?

— Depuis toujours, je crois.

— Et tu ne crois pas que cette aventure aurait pu tenter M. Kraft ?

— Va savoir.

— Qui... qui est là ? fit une voix chevrotante.

Elles se retournèrent et virent Mme Atherton sur le seuil, l'air égaré.

— Ce n'est que nous, Hilda et Zelda Spellman.

— Oh ! Les autres ont dû partir déjeuner.

— Les autres ?

— Sabrina, Harvey Kinkle, Valerie Birckead et Libby Chessler ! J'aurais dû les entendre s'en aller, même si j'étais cachée derrière le comptoir.

Catastrophe ! pensa Hilda. S'ils étaient tous embarqués à bord de l'arc-en-ciel, ni elle ni sa sœur ne pouvaient plus rien pour eux. Ils allaient se retrouver piégés à Tir na Nog, le pays des Celtes. Et malheureusement, là-bas, la magie était inefficace. Le roi Kevin les emprisonnerait dès qu'ils mettraient la main sur sa précieuse jarre d'or.

— Ils vont très bien s'en tirer ! assura Zelda avec une conviction feinte.

— Tu... tu crois que la magie de Sabrina fonctionnera, là-bas ?

— Encore un ! cria la secrétaire en faisant des moulinets avec ses bras ! Oust ! Dehors !

Un lutin essayait de lui arracher son agrafeuse.

— Les cookies ont disparu ! constata soudain Zelda. Où est passée l'assiette de gâteaux ? demanda-t-elle à Mme Atherton.

— Ces délicieux cookies en forme de trèfle ? J'en ai mangé un et j'ai donné le reste à Mme Quick, le professeur de maths.

— Vous savez où elle est partie ?

— Oui, elle s'occupe des majorettes qui vont défiler sur le char.

— De mieux en mieux ! gémit Zelda.

Hilda installa un biper à l'endroit où avait disparu l'arc-en-ciel. Comme ça, quand il reparaîtrait, elles en seraient averties. Puis, prenant sa sœur par le bras, elle l'entraîna vers la porte.

— Tu voulais voir la parade de la Saint-Patrick, je crois ?

15.

La musique adoucit les mœurs ?

— Oh non ! Le voilà qui arrive !

D'un revers de manche, M. Kraft essuya la sueur sur son front en voyant Lug au Long Bras se rapprocher.

Après avoir été encerclés, les passagers de l'arc-en-ciel avaient été conduits au camp de Lug. Ils attendaient maintenant sous bonne garde, assis sur un tronc couché, près d'un feu. Une foule de curieux s'était assemblée pour les observer.

— Pas mal pour un barbare ! remarqua Libby en dévisageant le chef. Je vais lui faire du charme, ça le décidera peut-être à nous libérer.

— C'est ça, marmonna Salem, et moi, je vais devenir amateur de nougat glacé !

Fergus apparut soudain à côté du tronc.

— Lug est un solide et superbe gaillard,

maître du soleil, de l'art et de la médecine, dit-il.

La tension monta d'un cran lorsque le chef guerrier s'arrêta devant M. Kraft. Celui-ci, le sourire crispé, se leva en hâte et le salua nerveusement.

Lug le considéra froidement :

— Pauvre minus ! jeta-t-il avec dédain. Misérable espion !

— Espion ? s'écria Sabrina. Mais pour le compte de qui ?

— Balor au Mauvais Œil ! rugit Lug. Qui, sinon ses espions, se serait introduit dans mon camp à la veille d'une bataille décisive entre les forces des Ténèbres et de la Lumière ?

— Qui est Balor ? demanda Sabrina.

— Ai-je l'air d'une espionne ? s'exclama Libby en battant des cils.

— Tu as l'air d'une proie apportée par le chat, lâcha Lug, méprisant.

— Hé ! s'insurgea Salem. Les chats ont meilleur goût que ça !

Accablée, Libby se rassit.

— Lug ne vous voit pas tels que vous êtes, expliqua Fergus, mais tels que vous auriez été à son époque. Moi, il ne me perçoit même pas. Et je n'ai pas le droit d'intervenir...

— Quand doit avoir lieu la bataille ? demanda Harvey.

— Certainement demain à l'aube, souffla Valerie.

Elle frissonna quand Lug la désigna du doigt.

— Tiens ! Comment le sais-tu si tu n'es pas une espionne de Balor ?

— Euh... un coup de bol ?

— Vous resterez tous prisonniers ici ! ordonna Lug.

— Certainement pas ! se rebiffa Sabrina.

Elle se leva, tendit le doigt.

— Lug, à toi de choisir : le droit de passage ou une dose de mes pouvoirs magiques ?

— Sabrina ! cria M. Kraft. Ne faites pas de menaces impossibles à tenir. La magie n'existe pas !

Elle roula les yeux.

— Je vous demande pardon ? Vous venez de chevaucher un arc-en-ciel qui vous a amené quatre mille ans dans le passé en compagnie d'un lutin et d'un chat qui parle, et vous doutez de mes pouvoirs ?

— Ils ne marcheront pas sur Lug, souffla Fergus. Ce sont les tribus de Dána qui ont inventé la magie. Je doute que tu fasses une grosse impression sur le guerrier.

— C'est ce que nous allons voir.

Bravement, Sabrina pointa la chaumière la plus proche :

Afin que M. Kraft et Lug croient en moi,
Doigt magique, soulève ce toit.

Tous, à part Lug et Fergus, regardèrent avec ébahissement le toit de chaume s'élever de plusieurs pieds et se mettre à flotter dans les airs.

— Voilà qui est surprenant, Sabrina ! commenta M. Kraft en rajustant ses lunettes.

— Broutille ! Attendez que je me sois un peu échauffée.

L'air blasé, Lug leva la main, et le toit regagna sa place sur un simple claquement de doigts.

Libby se tourna vers Fergus :

— Alors explique-nous ce qu'il faut faire pour l'impressionner !

— Les tribus de Dána croient au pouvoir de la musique. Trouvez une chanson qui les mène à la victoire.

— Une chanson ?

Sabrina hésita puis zappa une petite harpe entre les mains de M. Kraft.

— À vous de jouer !

— Moi ? bégaya-t-il. Mais... Oh non !... Je joue de la guitare... pas de la harpe.

— Es-tu ménestrel, oui ou non ? demanda Lug, intéressé.

— Le plus grand ! assura Harvey en tapant

dans le dos de son proviseur. Il doit même se produire au *Café Irlandais* ce soir.

Lug poussa M. Kraft au milieu de la foule des curieux qui s'était rassemblée près du feu.

— Nous t'écoutons. Ta chanson déterminera ton sort.

— Allez, nous sommes tous avec vous ! cria Valerie en levant le poing.

Elle s'empressa de le baisser quand elle remarqua l'expression féroce des guerriers alentour.

— Et moi qui craignais le public du *Café Irlandais !* hoqueta M. Kraft.

Il s'assit sur un tabouret que quelqu'un venait d'apporter, s'humecta les lèvres, posa timidement les doigts sur les cordes de son instrument. C'est alors qu'une claire mélodie s'éleva dans la nuit.

Le proviseur en parut d'abord surpris puis un sourire radieux lui éclaira le visage. Encouragé, il inspira à fond et entonna le premier couplet. Il n'émit tout d'abord qu'un lamentable croassement.

Un murmure s'éleva parmi les guerriers.

Discrètement, Sabrina traça un cercle dans l'air du bout des doigts. M. Kraft, blanc comme un linge et tremblant de tous ses membres, reprit alors sa chanson.

— Ce n'est pas avec ces couacs qu'ils vont gagner la bataille, grommela Libby.

Néanmoins, le proviseur parvint à la fin de son air sans trop le massacrer. Il connaissait par cœur les paroles, qui racontaient l'histoire d'un courageux guerrier combattant pour la liberté.

Les derniers accords s'éteignirent dans un silence de mort. Le pauvre sourire de M. Kraft se figea tandis que les hommes de Lug s'avançaient vers lui.

— Ils n'ont pas aimé, on dirait ? chuchota nerveusement Valerie.

— Ils doivent avoir l'oreille musicale, eux, répondit Sabrina.

16.

Amergin, le poète

Westbridge grouillait de monde à l'endroit d'où devait partir la parade.

Hilda et Zelda durent se faufiler parmi les curieux, écrasant quelques pieds au passage, et aperçurent enfin le char de l'école, tendu de vert et de blanc. Trois marches menaient à la plate-forme ornée de trèfles et d'un ballon. Le professeur de mathématiques inspectait la décoration florale sous le regard anxieux des majorettes. Elles semblaient se comporter normalement : elles n'avaient pas dû encore goûter aux cookies !

À moins que les lutins n'aient décidé de bouder le défilé de la Saint-Patrick...

— Circulez, mesdames ! ordonna soudain un policier. Vous n'avez rien à faire par ici.

— Si ! assura Hilda. Nous... nous faisons partie de la fanfare !

C'est alors qu'une des majorettes poussa un hurlement.

Sabrina tendit le doigt pour libérer M. Kraft des guerriers barbares qui fonçaient sur lui.

Pourtant, arrivés à quelques pas de lui, ils se mirent à pousser des acclamations tonitruantes.

— Tu viens de prédire une immense victoire aux forces de la Lumière, ménestrel ! déclara solennellement Lug. Inspirés par ton chant, nous vaincrons le perfide Balor !

— C'est vrai ? demanda Sabrina à Fergus. Ils vont gagner ?

Le lutin se rengorgea :

— Bien sûr !

— Ménestrel, toi et tes compagnons avez le droit de passage ! conclut Lug.

D'un ample geste du bras, il désigna l'arc-en-ciel à l'entrée de la clairière, et les guerriers s'écartèrent.

Vibrant de bonheur, M. Kraft proposa :

— Que diriez-vous d'un *bis* ?

Sabrina zappa la harpe pour la faire disparaître.

— Ne poussez pas le bouchon trop loin ! dit-elle.

— Il faut toujours laisser les gens sur leur faim, conseilla Libby.

Tandis que ses compagnons se précipitaient

vers l'arc-en-ciel, M. Kraft ne put résister au plaisir de saluer plusieurs fois. Harvey revint sur ses pas et l'entraîna de force.

Fergus attendit que tout le monde soit passé avant d'annoncer :

— Espérons que tout se passera aussi bien au prochain arrêt.

— Encore un... un...

Valerie ne put achever sa phrase, car l'escalator démarra à une vitesse qui lui coupa le souffle.

Tenant Salem bien serré contre elle, Sabrina se vit emporter dans une spirale chaotique de couleurs.

— Je vais finir plat comme une crêêêêêêêpe ! miaulait désespérément Salem.

Sabrina ferma les yeux. La tête lui tournait. Elle faillit lâcher le chat lorsqu'elle atterrit sur un truc bizarre. Elle rebondit comme sur un trampoline.

Valerie, le regard vitreux, se pinça pour s'assurer qu'elle n'était pas morte.

— Aïe ! cria-t-elle. Je suis encore vivante !

— C'est la dernière fois que je prends un escalier roulant ! jura Libby.

— Je ne deviendrai jamais astronaute ! promit Harvey en se relevant.

— Et moi qui craignais que les adolescents me fassent vieillir avant l'âge ! bougonna M. Kraft.

— Allez ! les pressa Fergus en ouvrant la porte. Il est temps de se bouger !

Les voyageurs tombèrent en file indienne sur le gigantesque oreiller et débouchèrent dans une prairie.

— À quelle époque sommes-nous, cette fois ? demanda Sabrina.

— Mille sept cents ans avant Jésus-Christ, répondit Fergus calmement. Juste après que les Celtes d'Espagne ont vaincu les tribus de Dána.

— Les descendants de Lug ? s'étonna Valerie. Que s'est-il passé ?

— C'est ce que ce bonhomme aimerait savoir, répondit Fergus en désignant une silhouette solitaire sur un rocher.

Perdu dans ses pensées, l'homme, de haute taille, parut ne pas remarquer leur présence.

— Encore un ancêtre ? demanda Harvey.

— Non. Il s'agit d'Amergin, le plus grand poète de la tradition celtique. C'est lui qui devra vous accorder votre prochain droit de passage.

— Ça ne va pas être de la tarte, ronchonna Libby. Il a l'air d'avoir pété les plombs.

— Il y a de quoi, ma belle ! Après leur défaite, les Dánaans se sont volatilisés. Pouf !

Le lutin fit une pirouette en éclatant de rire.

— Je ne vois pas ce qu'il y a de drôle, lui reprocha M. Kraft.

— Ne vous en faites pas pour eux ! Ils sont devenus invisibles !

Pour mieux se faire comprendre, Fergus disparut à son tour. Pour réapparaître très vite aux pieds d'Amergin, qui ne sembla pas le voir. Le groupe les rejoignit.

— Excusez-moi, dit M. Kraft à Amergin. Nous avons encore de la route à faire et...

— Hé ! Venez voir ! cria soudain Libby.

17.

En route pour l'Autre Royaume

Le groupe se précipita vers le sommet de la colline. Amergin les suivit.

— Incroyable ! applaudit Valerie. Les Dánaans n'ont pas disparu.

Émerveillée, Sabrina contemplait le spectacle qui s'étalait à leurs pieds. Un gigantesque palais hérissé de flèches et de tourelles scintillait dans la prairie. Un lierre épais en tapissait les murailles de cristal et des fleurs ornaient les cours et les passages. De beaux jeunes gens, hommes et femmes, se promenaient dans des jardins magnifiques ou dansaient sur des airs joyeux.

— On se croirait au pays des fées, comme dans les contes de mon enfance ! s'écria Harvey.

— De quoi parlez-vous ? s'énerva Amergin. Je n'aperçois là qu'un amas de pierres envahi d'herbes folles. Ce sont les ruines d'une ancienne forteresse bâtie par un peuple disparu depuis longtemps.

— Vous nous faites marcher, hein ? s'étonna Valerie.

Sabrina tapa dans ses mains :

— Non, attendez ! Nous distinguons le château parce que nous avons mangé les cookies au trèfle de tante Hilda !

— Et ce pauvre Amergin ne voit que dalle ! s'exclama Fergus, qui se mit à danser une gigue endiablée, afin de montrer à ses compagnons qu'il était invisible pour le poète. Ce peuple ne s'est pas retiré d'Irlande mais a préféré se cacher dans son royaume magique.

Amergin baissa les yeux sur M. Kraft :

— Tu demandes le passage, étranger. Prouve-moi que la tribu de Dána n'a pas fui cette terre et je te donnerai ce que tu désires.

— Facile ! jubila Harvey en tombant à quatre pattes. Il suffit de cueillir du trèfle et de le lui faire manger. Pas vrai, Sabrina ?

— Exactement !

Plus facile à dire qu'à faire ! Après avoir passé pendant une heure la prairie au peigne fin, ils durent se rendre à l'évidence : il n'y avait pas la moindre feuille de ce trèfle irlandais.

— Il doit exister un autre moyen, finit par déclarer Fergus. D'autant que cette variété n'existait pas encore à l'époque.

— C'est maintenant que tu nous le dis ! fulmina Libby en frottant ses genoux pleins d'herbe. Sale gnome, je vais te...

— Arrête ! lui souffla gentiment Sabrina. Je ne te conseille pas de te fâcher avec lui !

Trop tard. Un tourbillon de poussière d'or enveloppa soudain la majorette et un champignon géant apparut. Libby déposa un baiser sur le front de Fergus puis sauta sur le champignon, où elle entama une gigue effrénée. Le champignon disparut sans crier gare, laissant tomber la danseuse dans l'herbe.

— Hé ! s'écria Valerie. Libby vient d'embrasser un lutin et de danser la gigue sur un champignon vénéneux ! Ça veut dire que je peux faire partie de la parade de la Saint-Patrick !

— L'espoir fait vivre ! maugréa la majorette, très en colère.

— Mes enfants ! intervint M. Kraft. Nous oublions notre mission !

— J'ai trouvé ! lança Fergus, plein d'enthousiasme. Vous n'avez qu'à convaincre un membre de la tribu de Dána d'apparaître devant Amergin.

— Et pourquoi ne te montrerais-tu pas, toi ? proposa Harvey.

— Non, ce serait désobéir aux lois de l'arc-en-ciel. Et même si je le pouvais, croyez-vous que je ressemble aux êtres de cette époque ?

« Certainement pas », songea Sabrina. Cet affreux lutin crochu n'avait effectivement rien à voir avec les beaux jeunes gens qu'elle distinguait dans le parc du château. « Pas étonnant qu'il soit si aigri ! Depuis le temps, il n'a plus l'air d'un elfe mais d'un nain de jardin. »

— D'accord, dit-elle. Plus tôt on partira, plus tôt on en aura fini. En route !

Assis à côté d'Amergin, Fergus leur adressa un signe de la main :

— Et si vous ne revenez pas, j'enverrai mes condoléances à vos familles !

— À propos, tu n'aurais pas une botte à faire ? lança Sabrina par-dessus son épaule.

La descente vers le château fut plutôt agréable et ses habitants ne parurent leur prêter aucune attention... jusqu'à ce que les voyageurs franchissent le pont-levis.

— Un peu prétentieux, tout ça ! commenta Libby devant les herses et les tourelles.

— Pardon, mademoiselle ! dit M. Kraft à une jeune femme. Si vous pouviez m'accorder un instant...

La jeune femme leva la main, figeant M. Kraft et Libby sur place : l'un bouche ouverte, la main tendue en avant, l'autre bras croisés, le nez froncé de dédain.

— Bravo ! Vous avez parfaitement rendu la

personnalité des modèles ! s'écria Sabrina avec un sourire.

La jeune femme se tourna vers elle et la dévisagea des pieds à la tête, avant d'observer Salem, Valerie puis Harvey. Elle était blonde et jolie comme une fée.

— Êtes-vous magiques ou innocents ? demanda-t-elle enfin.

— Innocents ! assura Harvey avec empressement. À part une ou deux heures de colle pour comportement insolent...

La jeune femme se leva et fit une légère révérence.

— Je suis Ériu, l'épouse du roi des Dánaans.

Sabrina tendit sa main :

— Sabrina, sorcière de Westbridge, Massachusetts.

— Je n'ai pas entendu parler de ce royaume.

— Il est à quelques années-lumière d'ici.

— Votre pays est merveilleux ! s'exclama Valerie. On se croirait à Disneyland, les attractions en moins.

— N'y aurait-il pas un snack-bar ? demanda Harvey. J'ai une faim de loup.

— Madame, auriez-vous l'obligeance de rendre leur forme première à mes amis ? demanda poliment Sabrina en désignant Libby et M. Kraft. Je reconnais qu'ils sont prétentieux et désagréables, mais...

— Ainsi votre magie n'est pas assez puissante pour vaincre la mienne ?

— Je crains que non, hélas, avoua Salem.

— J'aime bien votre chat, déclara la reine.

Elle pointa Sabrina, qui se figea instantanément, le doigt tendu. Cependant, la jeune sorcière voyait et entendait tout ce qui se passait.

« Bravo ! Ça veut dire que M. Kraft m'a entendue le traiter de prétentieux désagréable. »

Malheureusement, comme il semblait que sa magie ne fonctionnait pas au royaume de Dána, elle n'était pas sûre de revoir un jour M. Kraft.

18.

La révolte des cookies

Hilda et Zelda se ruèrent vers le char de l'école. Le professeur de maths levait l'assiette de cookies au-dessus de sa tête et fixait ses pieds avec effroi. Comme Hilda n'avait pas mangé de trèfle, elle ne voyait pas ce qui effrayait tant Mme Quick mais le devinait aisément.

— Qui êtes-vous ? Lâchez mes chaussures ! Oust ! hurlait le professeur.

— Calmez-vous ! conseilla Hilda avec un sourire rassurant. Je vais vous expliquer.

— J'ai des hallucinations, c'est ça ?

Mme Quick cligna des yeux, puis tomba en arrière. Les cookies glissèrent de l'assiette. Hilda se précipita pour les ramasser. Trop tard ! Des mains et des bouches invisibles s'en emparèrent et les enfournèrent.

— Sales petits égoïstes ! fulmina Hilda.

— Ils se moquent de vous ! dit Mme Quick avant de tomber dans les pommes.

Hilda la rattrapa au vol et l'allongea sur le sol. Elle lui tapota la joue pour la faire revenir à elle.

Quant à Zelda, elle s'efforçait de ramener le calme parmi six majorettes qui, complètement folles, tentaient de rattraper leurs pompons volant en tous sens. La pagaille menaçait de se généraliser.

Lorsque Mme Quick revint à elle, Hilda lui souffla à l'oreille :

— Reposez-vous un moment. Fermez les yeux.

— Mais... je vois des lutins...

— C'est normal, c'est la Saint-Patrick.

— Vous... vous croyez ?

Mme Quick souleva les paupières. Un lutin jaillit sous son nez. Elle s'évanouit de nouveau.

Au sol, la contagion gagnait vite les rangs des spectateurs : un chauffeur en costume vert qui changeait le pneu crevé d'une voiture officielle perdit l'un après l'autre tous ses boulons. Trois pompiers bénévoles tentaient vainement d'installer un trèfle géant en haut de l'échelle qui surmontait le camion. À peine le mettaient-ils droit qu'il recommençait à pencher. Le joueur de tuba tirait de son instrument un journal roulé en boule. Une dame élégamment vêtue courait après son chapeau ; chaque fois qu'elle croyait l'attraper, il s'envolait de nouveau.

— Au moins, les lutins s'amusent ! murmura Hilda, découragée.

C'est alors qu'elle vit un cookie voler près de la main du chef des scouts.

Les lutins ne les avaient donc pas mangés. Ils les distribuaient partout !

— Non ! Attendez ! cria-t-elle désespérément.

L'homme avala le cookie. Se cachant le visage dans les mains, Hilda vit à travers ses doigts le chef scout prendre ses jambes à son cou et hurler comme un malade :

— Des lutins ! Des lutins par milliers !

— Qu'est-ce qui se passe, ici ? demanda Zelda en rejoignant sa sœur.

— Pas grand-chose. Est-ce que notre assurance maléfice couvre la révolte des cookies ?

19.

Le vrai trèfle irlandais

— Ériu ! Ériu !

Valerie surgit dans la cour du château.

Par-dessus son bras toujours figé, Sabrina la voyait mais sans distinguer ce qu'elle apportait, car son amie gardait une main derrière le dos.

Harvey arriva à son tour ; il mangeait une cuisse de poulet, Salem le suivait en trottinant et en se léchant les babines.

Valerie désigna Sabrina :

— Elle a dit quelque chose qu'il ne fallait pas ?

— Peu importe, répondit la reine en souriant.

« Mais si, ça importe beaucoup ! » songea Sabrina. Harvey se pencha sur elle, et lui tapota le crâne.

— Sabrina ? Ça va ? Tu sens quelque chose ?

« Non, je reste de marbre. »

Salem s'assit tranquillement en face d'elle :

— Quand il apprendra comment tu t'y es prise, le Conseil des sorciers risque de supprimer ta licence pour incompétence diplomatique.

« Traître ! De quel côté es-tu ? »

— Que puis-je faire pour vous ? demanda Ériu à Valerie.

— Euh... je...

Valérie tendit le trèfle en pot qu'elle cachait derrière son dos.

— C'est à propos de cette plante... je la trouve ravissante.

— Moi aussi, reconnut la reine.

Son beau visage s'illumina d'un sourire radieux.

— Avant l'arrivée des envahisseurs, je comptais répandre ce trèfle enchanté à travers toute l'île.

— Attendez ! s'exclama Valerie. C'était exactement ce à quoi je pensais !

— Mais maintenant, je me refuse à l'offrir aux Celtes. Non, pas même à Amergin qui nous pleure toujours...

— Pourtant, intervint Salem, ce trèfle va devenir le symbole de l'Irlande, reconnu à travers les siècles.

— Qu'en sais-tu ? demanda la reine, amusée.

— Je suis un chat ! Je sais tout.

— Vraiment ?

— Et on appellera un jour cette île « la Verte Érin », en *votre* honneur.

— Alors, reprit Valerie, si vous voulez que nous vous aidions à planter le trèfle. Sauf que...

Sabrina dressa l'oreille.

— Oui ? demanda la reine.

— Sauf qu'on irait plus vite si on s'y mettait *tous !* conclut Valerie.

Son regard se posa sur Sabrina puis sur M. Kraft et sur Libby.

« Bien joué, Valerie ! »

Ériu réfléchit et finit par dire :

— Très bien, je vais donc libérer vos amis. Mais uniquement parce que la tribu de Dána ne doit pas être oubliée du monde.

Dès que la reine eut pointé la main vers elles, les trois statues se ranimèrent.

— Comment osez-vous ? siffla Libby, toujours pareille à elle-même.

M. Kraft mit sa main sur la bouche de la jeune fille.

— Plus un mot, ou je vous colle jusqu'à la fin de vos jours !

Peu après, les bras chargés de pots, tous regagnèrent la colline où les attendaient Fergus et Amergin. Tandis que ses compagnons replantaient le trèfle dans la prairie, Sabrina en offrit une poignée au poète :

— La reine Ériu vous envoie ceci. Si vous en mangez, vous verrez la tribu de Dána.

Étonné, Amergin obéit et cligna soudain des yeux.

— Le château ! s'écria-t-il. Enfin, le voilà !

— Alors ? Pouvons-nous passer, maintenant ?

Amergin se contenta de hocher la tête, fasciné par le spectacle qui s'offrait à lui.

— Vous devez encore accomplir votre promesse envers la reine, rappela Fergus. Il faut planter toutes les pousses de trèfle.

Sabrina ne se fit pas prier – après son immobilité forcée, elle avait besoin de se dégourdir les jambes.

Cependant, lorsque tous les voyageurs se trouvèrent réunis dans l'arc-en-ciel, rien ne se produisit.

— Fergus ! s'insurgea Sabrina. Qu'est-ce qui se passe encore ?

Le lutin se suspendit à la bretelle de la sorcière et se balança avec nonchalance.

— N'avez-vous rien remarqué de spécial ? Je vous vois tous là, bien accrochés à vos poignées, prêts à repartir. Ça ne commence pas à vous sembler monotone ?

— Oh ! s'exclama Harvey. Cette fois on lâche tout ?

Et il leva les bras par-dessus sa tête.

Aussitôt, l'escalator reparut sous leurs pieds et se mit lentement en marche.

— L'arc-en-ciel a eu une dure journée, observa Valerie. Il est peut-être fatigué.

— Tant mieux pour nous, conclut Salem, blotti dans les bras de Sabrina.

C'est alors que les marches s'aplatirent et se transformèrent en petits véhicules multicolores.

— Je ne sais pas si je vais aimer, bougonna M. Kraft.

Tous se retrouvèrent assis sur des banquettes dures. Des barres de sécurité tombèrent devant eux et ils crièrent de frayeur tandis que le train des montagnes russes partait à l'assaut du ciel.

20.

Le héros de l'Irlande

— Quoi ? cria Hilda au fleuriste. Vous n'avez plus de trèfle ?

— Ça n'a rien d'étonnant, madame... avec la Saint-Patrick, tout est parti.

Comme il s'agissait d'une plante aux propriétés magiques, elle ne pouvait en zapper à volonté comme du vulgaire cresson. Ces maudits lutins avaient donc pensé à tout pour les empêcher, Zelda et elle, d'en consommer à leur tour.

— Si on n'en trouve pas au plus vite, Westbridge sera un champ de ruines avant la nuit.

Les voyageurs de l'arc-en-ciel furent soudain éjectés de la brume multicolore et atterrirent dans des buissons au bord d'un chemin de terre.

— Seigneur ! soupira M. Kraft. Je n'en peux plus, Fergus. J'ai vu ma vie se dérouler sous mes yeux tant de fois aujourd'hui que je commence à me rappeler des événements qui ne me sont jamais arrivés !

— Là ! dit Fergus en lui tapotant l'épaule. Il ne vous reste plus que deux mille ans à parcourir.

— Ça fait combien d'années à l'heure ? demanda Harvey.

Sabrina ne disait rien, les yeux fixés sur un jeune homme qui leur tournait le dos. Même si elle ne voyait pas son visage, ses longs cheveux, ses larges épaules et son attitude trahissaient une extraordinaire puissance. Comme s'il sentait son regard, il se retourna.

— Il est aussi beau que Lug ! murmura Libby.

Elle lui sourit et lui fit un signe.

En guise de réponse, il lui jeta un regard de tueur.

— Et il a bon goût apparemment, plaisanta Sabrina.

— Rien d'étonnant à cela, expliqua fièrement Fergus. Lug au Long Bras est le père de Cúchulainn.

— Cou... quoi ? demanda Harvey.

— « Cou – cou – laine », articula lentement Fergus. L'un des plus grands héros des légendes irlandaises, lui aussi.

— Attends, intervint Valerie, je croyais qu'on avait avancé de près de deux mille ans !

— Lug appartient à la tribu de Dána, le temps n'a pas de prise sur lui. Et voici son fils, Cúchulainn, qui vous accordera son droit de passage pour continuer votre route.

Là-dessus, le lutin frappa dans ses mains :

— Prêts ?

Une épaisse forêt s'élevait de part et d'autre du chemin et les arbres jetaient des ombres menaçantes sur les voyageurs.

— Pourrais-tu nous dire au moins quel danger nous guette, cette fois ? demanda Libby à Fergus.

— Vous le découvrirez bien assez tôt.

Il s'assit sur un tronc comme pour admirer le spectacle.

Cúchulainn fit face aux inconnus, la lance à la main.

— Halte !

Ils s'arrêtèrent net au son de cette voix de bronze.

— Vous n'irez pas plus loin sur la route d'Ulster, gens de Connaught.

Sabrina lança un regard étonné vers Fergus :

— Connaught ?

— Cúchulainn est de la Branche Rouge, la lignée qui règne sur l'Ulster. Connaught est un royaume rival.

— Tout ça ne me dit rien qui vaille, marmonna-t-elle.

— Non ! s'écria M. Kraft. Nous sommes de Westbridge ! D'un pays si lointain qu'il n'a pas encore été découvert.

— Qu'importe, coupa Cúchulainn, puisque vous venez par la route de Connaught ! La malédiction des Neuf Jours de Macha pèse sur les hommes d'Ulster. Le roi Connor McNessa m'a confié la mission de faire cesser les incursions de la reine Medb dans son pays pour voler le taureau brun de Quelgny avant la fin de ce délai. Et je l'accomplirai... sur ma vie !

— Il n'a pas l'air de plaisanter, ronronna Salem en se frottant aux jambes de Sabrina. Quelle chance qu'il ne me voie pas !

— Une vache ? s'exclama Valerie. Vos deux royaumes se font la guerre pour une vache ?

— Le Brun de Quelgny n'est pas une vache ! gronda Cúchulainn. Vous savez très bien que si la reine Medb possédait ce taureau sacré, son pouvoir deviendrait immense.

— Si je comprends bien, intervint Sabrina, vous êtes le seul homme d'Ulster à pouvoir vous battre ?

— Oui, à cause de la malédiction de Macha, qui condamne les autres guerriers pendant neuf jours pour l'avoir obligée à courir contre les plus rapides coursiers du roi alors qu'elle était près d'accoucher.

— À quoi les a-t-elle condamnés ? demanda Libby, les yeux brillants.

— À souffrir les douleurs de l'enfantement.

— Bravo ! Bien fait ! Ça leur apprendra !

— Tais-toi, Libby ! la coupa Sabrina. Ainsi, Cúchulainn, vous devez à vous seul remplacer toute une armée ?

— Oui, mais je ne te dirai pas comment je compte battre l'adversaire.

— Tout ce que nous voulons, intervint Valerie d'une petite voix, c'est votre accord pour repartir sur l'arc-en-ciel, là-bas...

Voyant la surprise de Cúchulainn, Sabrina s'empressa d'ajouter :

— Par lequel nous sommes arrivés... pour vous *aider*.

— Toi si tu veux, mais pas moi ! Je suis plus féministe que ça, jeta Libby.

— Encore un mot et je fais un nœud de ta langue félonne ! menaça le guerrier. Voilà que tu me donnes une idée, mégère ! Vois comment je vaincs mes ennemis !

Plantant sa lance dans les mains de Harvey qui crut exploser de fierté, il partit à grands pas vers la forêt, avisa un jeune chêne et le déracina de ses mains nues.

— Mieux vaut être avec lui que contre lui, commenta M. Kraft.

Aussi vite qu'il était parti, le guerrier revint, armé de son arbre et, en un éclair, en fit un nœud avant de le replanter au milieu du chemin. Puis il sortit un couteau et grava quelques signes sur le tronc, du côté du royaume de Connaught.

Pour la première fois, les voyageurs le virent sourire alors qu'il marchait vers eux.

— La route est désormais infranchissable aux hommes de la reine Medb. Mon geis les en empêchera.

— Qu'est-ce qu'un geis ? demanda Valerie.

— Une obligation que tout Celte se doit d'honorer, expliqua Fergus. Ils préféreraient mourir que de passer outre.

— À propos, dit Sabrina, nous accordez-vous le droit de passage que nous sommes venus demander ?

Cúchulainn les examina en se frottant le menton.

— Pourquoi laisserais-je partir des voyageurs qui me donnent de si brillantes idées ?

— Euh... parce que c'est une sorcière ! dit Valerie en désignant Sabrina.

Cúchulainn partit d'un rire tonitruant.

— Vraiment ? Et pourquoi aurais-je peur d'une malheureuse petite sorcière ? Saurais-tu seulement nouer une corde et souffler dessus pour jeter un sort ?

Sabrina avait appris les rites de la magie primitive, mais ce n'était rien à côté de ce que les sorcières avaient inventé depuis.

Elle sourit :

— Oui, répondit-elle, et bien d'autres choses encore.

Tendant le doigt, elle darda quelques rayons enflammés, provoquant éclairs et tonnerre dans un ciel pourtant clair. Un cercle de feu entoura le tronc noué et les branches des vieux chênes qui longeaient le chemin se nouèrent à leur tour.

— Voilà pourquoi ! dit M. Kraft d'un ton sévère, comme s'il grondait un garnement.

— Je vous souhaite bon voyage, annonça alors Cúchulainn.

Devant l'arc-en-ciel, le groupe s'arrêta.

— Qui passe le premier ? demanda M. Kraft.

— À vous l'honneur, dit Sabrina.

— Jamais de la viiiiiiiiiiiiiiiiii...

Le proviseur fut brusquement projeté dans les airs comme un homme canon.

21.

Zelda prend les choses en main

— Je préférais encore les farces de Fergus, se lamenta Hilda.

Elle se demandait comment s'en tiraient Sabrina, M. Kraft et les étudiants de Westbridge High sur l'arc-en-ciel.

Zelda et elle avaient enfin mis la main sur quelques brins de trèfle irlandais et voyaient désormais l'étendue du désastre.

La parade de Saint-Patrick risquait de ne jamais démarrer tant elle paraissait désorganisée. La moitié de la ville devait avoir avalé des cookies, tandis que les autres couraient après les mille objets qui leur échappaient, tombaient ou s'envolaient.

Toujours armée de son violon, Hilda tressaillit lorsqu'elle sentit un lutin s'accrocher à son cou.

Le commissaire ne savait plus où donner de la tête. Le maire s'arrachait les cheveux.

— C'est une catastrophe ! gémissait-il. Tout est fichu. Nous ne pourrons jamais partir à temps. Il ne reste pas un char entier.

— Attendez, dit Zelda. Si les lutins acceptent de nous aider, tout ira bien. Ce sont d'habiles artisans !

— Les meilleurs du monde ! se rengorgea le lutin juché sur l'épaule d'Hilda.

— Ils peuvent tout réparer aussi vite qu'ils ont détruit, à une condition...

— Tout ce que vous voudrez !

— C'est du chantage ! s'indigna le commissaire.

— Quelle condition ? demanda Hilda, soupçonneuse.

Zelda eut un sourire incertain :

— Ils veulent faire partie de tous les chars.

— Accordé ! lança le maire. Si seulement tous les problèmes de la ville pouvaient se résoudre aussi facilement !

— Ce n'est pas tout, ajouta Zelda.

— Quoi encore ? demanda Hilda.

— Toi et moi devons défiler sur le char de l'école et jouer tous les airs irlandais que les lutins nous demanderont.

— Jamais ! s'exclama Hilda. Jamais de la vie, même si elle doit durer un million d'années ! Pas question !

— Mais il le faut ! s'étrangla le maire. C'est votre devoir de citoyenne.

— Non.

— Je me doutais que tu allais dire ça, lâcha Zelda en faisant signe à deux majorettes de s'approcher. Jill, Sissi. Allez-y !

— C'est obligé ?

— Et comment !

Sans grand enthousiasme, elles se mirent à chantonner d'une voix de crécelle :

— Nous souhaitons que Hilda Spellman accepte de jouer pendant la parade toutes les chansons irlandaises que les lutins lui demanderont.

Hilda blêmit. Jill et Sissi continuèrent leur chanson. Hilda avait l'impression d'entendre le bruit strident d'une craie sur un tableau noir. C'en était trop pour ses oreilles de musicienne !

— Stop ! hurla-t-elle.

Hilda sortit son violon. Soit, elle jouerait. Mais à contrecoeur.

— Prête, Hilda ? demanda Zelda avec prudence.

— Oui.

— Bon. À vous de jouer, les lutins ! Vous avez vingt minutes.

22.

Une berceuse de Salem

La nuit tombait lorsque Sabrina et ses compagnons furent éjectés de l'arc-en-ciel pour la quatrième fois.

— Je ne sais pas ce qui a été le pire, geignait M. Kraft accroché au bras de Libby, entre se faire expédier comme un boulet de canon et atterrir dans un filet comme un poisson !

— Remerciez le ciel que ça n'ait pas été un filet constrictor, répliqua Sabrina.

Ils étaient sur un autre chemin de terre, au beau milieu d'une campagne que bordait une forêt.

— Salem, rappelle-moi de travailler ma vision nocturne quand on rentrera, dit Sabrina.

— Si on rentre un jour ! grogna le chat. Ce dont je commence à douter sérieusement.

— Quel détestable ancêtre allez-vous encore nous présenter ? demanda Libby à Fergus.

À votre place, si je possédais un tel arbre généalogique, je m'achèterais une scie.

— Tu ne vas pas être déçue, ma belle.

— Il fait froid ! observa Harvey en se frottant les mains. Où sommes-nous ?

— Et quand ? ajouta Valerie en frissonnant.

— Au IIe siècle de notre ère, devant la colline de Tara. C'est l'un des lieux les plus révérés d'Irlande, où vit le roi Cormac McArt. C'est aussi notre dernier arrêt avant le pied de l'arc-en-ciel.

— Pas trop tôt ! maugréa M. Kraft. Tout l'or du monde ne vaut pas une telle épreuve !

— Je meurs de froid ! râla Libby en s'asseyant. Ils n'ont pas encore inventé les radiateurs portables ?

— Je ne crois pas, dit Harvey. Mais je peux faire un feu, ça réchauffe aussi bien. Je vais chercher du bois.

— Pas durant Samhain ! glapit Fergus.

Trop tard, Harvey filait déjà vers la forêt.

— Pas étonnant qu'on ait froid ! expliqua Sabrina. Samhain est l'ancien nom de Halloween.

— Oui, dit Fergus, la nuit durant laquelle le chemin entre l'Autre Monde et le royaume des mortels est ouvert. Ce n'est pas le moment d'attirer l'attention du farfadet Aillen.

— Ni de ce gars-là, intervint Harvey en

sortant de la forêt, les mains sur la tête. Mais c'est trop tard.

Aux dernières lueurs du crépuscule, Sabrina eut juste le temps d'apercevoir la gigantesque silhouette d'un jeune homme qui poussait Harvey à la pointe de son épée.

Fergus se mit à sauter de joie.

— Ça alors ! Fionn MacCumhail en personne, dit Finn MacCool. Voilà qui tombe bien ! C'est justement la personne qui doit vous garantir votre droit de passage. N'est-il pas magnifique ?

— Tout à fait ! balbutia Valerie, terrorisée.

Il était aussi grand et beau que Lug et Cúchulainn mais beaucoup plus jeune, presque un enfant.

— Finn descend également de la tribu de Dána, continua Fergus. Il n'a que dix-sept ans, mais s'il parvient encore à empêcher Aillen de détruire le campement de Tara, le roi le nommera chef de sa garde.

— Tu veux dire que ce farfadet a déjà osé attaquer le roi ? demanda Sabrina.

— Oui, même les Celtes ont leurs brebis galeuses. Aillen possède un grand pouvoir magique.

Incapable de voir le lutin, Finn passa devant Harvey pour interroger Sabrina :

— Tu connais donc Aillen ?

— Pas du tout, bredouilla-t-elle, je voulais juste vous demander de nous accorder le droit de passage pour continuer notre route.

— Et nous donner de quoi nous réchauffer ! gémit Libby.

Pour la faire taire, Sabrina zappa et un grand feu de camp apparut.

— Erreur tactique ! s'affola Fergus.

— Pourquoi ?

— Tu es donc l'alliée d'Aillen ! gronda Finn.

— Le farfadet envoie des boules de feu sur le campement du roi pour le brûler, expliqua Fergus.

— Bien joué, Sabrina ! dit M. Kraft en venant se réchauffer.

Finn s'approcha en serrant les poings. Il les réduirait tous en bouillie si elle ne réagissait pas. Au moment où il allait se jeter sur eux, elle tendit le doigt.

Le géant s'étala de tout son long.

— Qu'est-ce que tu as fait ? demanda Valerie en se penchant sur lui. Il est tout froid.

— Et moi, je suis encore entière, si ça t'intéresse.

D'un autre geste, Sabrina éteignit le feu.

— Hé ! protesta Libby. Je suis toujours aussi glacée !

— Ça ne te changera pas, rétorqua l'apprentie sorcière.

— Comment allons-nous obtenir le droit de passage d'un homme inconscient ? demanda M. Kraft d'une voix sévère.

— Finn va revenir à lui dans une minute.

Sabrina se tourna vers Fergus :

— Est-ce qu'il a une chance de vaincre Aillen ?

— Malheureusement non. Le farfadet endort tout le monde en jouant de sa flûte avant d'attaquer. Ceux qui entendent sa musique ne peuvent lui résister.

— Dommage que Finn ne soit pas sourd, observa Harvey. Du moins pour cette nuit.

— Harvey ! s'exclama Sabrina, tu es génial !

— Ah bon ? Euh... merci !

Finn reprit conscience en gémissant et regarda autour de lui sans comprendre.

— Restez calme, monsieur MacCool, lui conseilla Sabrina. Faites-moi confiance et vous pourrez ajouter « a défait les farfadets » à votre CV pour le poste que vous briguez auprès du roi.

Finn pencha la tête de côté, comme pour mieux comprendre.

Fermant les yeux, elle claqua des doigts, zappant un bonnet de cuir à oreillettes, puis se mit à réciter :

Bonnet, remplis bien ta mission :
Pour Finn, ne laisse passer aucun son.

Elle pointa le doigt dessus pour parachever son sort.

— Quand est-ce que vous apprendrez à construire des vers décents ? bougonna M. Kraft.

— C'est une question de pratique, monsieur, pas de style.

Elle tendit le bonnet à Finn.

— Mettez ceci et placez-vous là-bas en nous tournant le dos.

Le géant enfila le bonnet et s'éloigna de quelques pas.

— Maintenant, Salem, ordonna Sabrina, chante-nous une de tes chansons préférées.

— C'est vrai ? D'habitude...

— Je veux m'assurer que Finn n'entend rien, en fait !

Vexé, Salem soupira et se mit à miauler à qui mieux mieux.

Tous se bouchèrent les oreilles. Finn excepté, qui attendait tranquillement devant la barrière.

— Ça suffit ! hurla Sabrina. Salem ! Arrête !

Il fallut que M. Kraft se jette sur lui et le bâillonne avec sa cravate.

— Je dois avoir les tympans éclatés, gémit Valerie.

Finn sursauta lorsque Sabrina lui tapa sur l'épaule.

— Vous pouvez vous retourner, maintenant.

Il retira son bonnet en souriant.

— Je n'ai pas entendu un mot de ce que vous disiez. C'est un bonnet de silence que vous venez de me donner ?

— Tout juste. Portez-le, et vous n'aurez rien à craindre des berceuses d'Aillen. Pouvons-nous partir, maintenant ?

— Allez où vous le désirez. Le camp du roi et le mont Tara sont sauvés.

Et Finn les planta là, sans même leur adresser un signe d'adieu.

23.

La jarre d'or du roi Kevin

— Nous voici donc au pied de l'arc-en-ciel ? marmonna M. Kraft, déçu.

— Encore une clairière dans une autre forêt stupide ! renchérit Libby.

— Où est l'or ?

La moustache frémissante, Salem grimpa sur un arbre pour avoir une meilleure vue.

— Là ! s'exclama Sabrina.

Elle désigna une grosse jarre débordant de pièces d'or, de bijoux et de pierres précieuses à quelques mètres d'elle.

— Ça, par exemple ! gloussa Fergus.

Sabrina s'approcha de la jarre, prit plusieurs pièces dans sa main et comprit que quelque chose clochait.

— Qui êtes-vous ? aboya M. Kraft à l'adresse de Fergus. Vous m'avez l'air bien petit pour un lycéen !

— Voyons, monsieur Kraft, s'étonna Sabrina, c'est Fergus, le lutin !

Elle se demanda si le proviseur ne souffrait pas d'une crise d'amnésie galopante ; il avait dû se cogner la tête en sortant de l'arc-en-ciel.

— Un lutin, mademoiselle Spellman ? De quoi parlez-vous donc ?

Libby regardait autour d'elle, les yeux écarquillés :

— Qu'est-ce que je fais en pleine cambrousse avec ces débiles ? ronchonna-t-elle.

— On s'est... trompés... de route, peut-être ? bégaya Valerie avec espoir. Le défilé... ce n'était pas par là !

— Tant mieux, si on l'a raté, conclut Harvey.

Au bord de l'affolement, Sabrina se rendit compte qu'elle seule se souvenait de leur voyage sur l'arc-en-ciel.

— Ce doit être le trèfle, expliqua Fergus. Les effets s'estompent. Toi, tu es une sorcière, donc tu ne perdras pas le souvenir de ce qui s'est passé, mais eux...

— Super !

Elle demeura pensive devant la jarre d'or. Au moins ses amis oublieraient-ils qu'elle était une sorcière.

— Mais comment vais-je les ramener chez eux s'ils ne voient plus l'arc-en-ciel ?

Le lutin éclata de rire :

— Pas de problème !

Il retint son bonnet tandis qu'un grand vent se levait.

Un tourbillon s'engouffra dans l'arc-en-ciel, emportant l'un après l'autre M. Kraft, Libby, Harvey et Valerie.

Arraché à son arbre, Salem planta ses griffes dans le sol mais ne put résister longtemps à l'appel d'air. Laissant de légers sillons sur le sol, il fut à son tour balayé et emporté dans la tornade irisée qui finit par se refermer avec un léger *plop !*

Demeurée seule en compagnie de Fergus, Sabrina se renfrogna :

— Et moi ? Je ne vais quand même pas rester ici !

Le lutin semblait soudain très intéressé par une fleur à ses pieds.

— Non... je ne dirais pas ça...

— C'est à cause de toi que je reste ici ?

— Tu vois, maintenant que j'y pense, nous n'avons pas encore réglé cette petite affaire à propos de ton insulte de ce matin.

Sabrina bondit :

— Ne t'ai-je pas dit que je trouvais tes ancêtres formidables ?

— Ce n'est pas ce que j'appelle montrer du respect envers moi et les autres lutins !

— Écoute, étant donné tes racines, je comprends que ça t'énerve qu'on se moque de toi !

En même temps, elle ne pouvait s'empêcher de trouver les farfadets retors et leurs manières fourbes.

— Bon, alors peux-tu me donner ta parole de sorcière que tu me respectes ?

Sabrina soupira.

— Non.

— Mais tu n'as pas non plus envie que je te fasse des farces jusqu'à la fin des temps, n'est-ce pas ?

— Pas vraiment, en effet.

— Eh bien, si tu t'empares de cette jarre d'or et l'emportes chez moi, je te pardonnerai et t'oublierai volontiers.

Voyant que Sabrina ne se décidait toujours pas, il ajouta :

— Tu n'as aucun autre moyen de te délivrer de mon sort.

— D'accord ! Pourvu que je me débarrasse de toi !

Dégoûtée, elle pointa le doigt.

Jarre d'or, soulève-toi
Et vole jusqu'à moi.

La lourde jarre se mit à flotter au-dessus du sol et vint se placer dans les bras de Sabrina. Malgré le sort qu'elle lui avait jeté, elle fut surprise de sa légèreté.

— Cool ! Qu'est-ce que je dois en faire, à présent ?

— Tu es en état d'arrestation pour avoir volé l'or du roi !

Stupéfaite, elle se retourna et découvrit une armée de farfadets en demi-cercle derrière elle.

24.

Répétitions virtuelles

— Reconnais-le, Hilda, tu t'es amusée comme une petite folle !

— C'est vrai. Aucun musicien ne peut résister aux applaudissements frénétiques de centaines de personnes.

Les deux sœurs étaient toutes souriantes en se dirigeant vers le bureau de M. Kraft.

La parade s'était magnifiquement déroulée, plus animée qu'elle ne l'avait jamais été à Westbridge.

— Dommage, les mortels auront tout oublié de cette jolie fête lorsqu'ils se réveilleront demain matin, ajouta Zelda.

— Oui, mais il leur reste encore la nuit. Et c'est tant mieux, parce que je n'ose pas imaginer ce qui ce serait passé si les lutins s'étaient ennuyés.

Elles arrivèrent à temps pour entendre le biper sonner.

— Les voilà !

L'arc-en-ciel apparut et cracha M. Kraft, Libby, Harvey, Valerie et Salem sur la moquette.

Puis disparut aussitôt.

— Qu'est-ce que je fais là ? demanda le proviseur. Il y a eu un tremblement de terre ?

— Ça m'étonnerait, dit Harvey. Pas dans le Massachusetts.

Comme les mortels semblaient ne garder aucun souvenir de ce qui leur était arrivé, Hilda prit Salem à part.

— Où est Sabrina ?

— Je ne sais pas trop mais je crois qu'elle a été prise la main dans le sac en train de voler la jarre d'or du roi Kevin.

— Oh non ! gémit Zelda.

— Attends ! intervint Hilda. N'oublie pas que c'est une adolescente. Contrairement aux adultes, elle peut encore faire du charme à ceux qui la retiennent et s'enfuir !

— Espérons que tu ne te trompes pas.

— Mon concert ! s'exclama soudain M. Kraft.

— Pas de panique, dit Zelda. Vous avez encore une demi-heure pour vous y rendre.

— Une demi-heure ? Mais qu'est-ce que j'ai

fait tout ce temps-là ? Je n'ai pas ma guitare, je ne me suis pas changé...

Hilda pointa tranquillement la guitare du proviseur puis l'habilla de son costume de scène : bottes de cow-boy, jean et chemise verte avec un trèfle doré brodé sur la poche.

— Vous êtes chicos, monsieur Kraft ! s'écria Valerie.

— Venez, Willard, lui dit Hilda en lui tendant sa guitare. Je n'ai jamais été en retard pour un concert, je ne vais pas commencer aujourd'hui.

— Vous voulez bien m'accompagner en duo ?

— Mais oui ! J'ai passé l'après-midi à m'exercer.

— Moi aussi... enfin, je crois...

— Et moi donc ! s'écria Zelda en brandissant son bodhran. Notre trio va faire sensation !

25.

À malin, maligne et demie

— Coupable !

Assis sur un trône doré garni de coussins de velours rouge, le roi Kevin agita un gourdin en direction de Sabrina puis leva sa coupe. Un autre lutin vint la remplir d'hydromel ; ensuite, il posa son pichet et se mit à jouer de la flûte.

Assise dans un coin de la grande salle du château, Sabrina regardait autour d'elle. Depuis que le roi avait prononcé sa sentence, les farfadets avaient rompu le silence et faisaient une fête à tout casser.

— Mais qu'est-ce que c'est que ce procès ! protesta-t-elle, indignée.

De nouveau, le roi leva son gourdin et le silence retomba sur la salle.

— Un procès équitable, ma belle ! Et estime-toi heureuse d'en avoir eu un.

— Équitable ? Alors que je n'ai même pas pu me défendre ?

— À quoi bon ? Tu as été prise la main dans le sac.

Des cris et des sifflets retentirent de partout.

— Je sais, cria Sabrina, mais ce n'était pas pour moi.

Elle désigna Fergus du doigt :

— C'est lui qui me l'a demandé.

— Certes, ma jolie, répondit celui-ci en levant sa coupe.

— Vous voyez ? Il le reconnaît lui-même.

— C'est tout ce que tu as à dire pour ta défense ? s'esclaffa le roi. Bien sûr qu'il désirait mon or, puisque c'est un farfadet !

Des rires et des murmures coururent parmi la foule.

— Mais, ajouta-t-il, il ne s'en est pas emparé, que je sache ?

— Non.

Repoussant une mèche de son visage, Sabrina se rassit en s'efforçant de garder son calme. Il lui fallait réfléchir à toute vitesse si elle ne voulait pas passer les quelques siècles à venir à faire reluire ces vieilles pierres avec une brosse à dents.

— Comment savez-vous que je le lui aurais donné ? demanda-t-elle sous le coup d'une inspiration soudaine.

— Tu veux dire que tu l'aurais gardé pour toi ? Ça, je l'ignore, c'est sûr.

— Si vous l'ignorez, vous ignorez également que j'avais l'intention de le rendre... À vous !

Le roi éclata de rire.

— Me prends-tu pour un sot, jeune fille ? Tu ne peux prouver que c'était bel et bien ton intention.

— Et vous ne pouvez pas prouver que ça ne l'était pas !

Il en resta interdit.

Des conversations animées agitèrent l'assistance.

— Mes oreilles m'ont-elles trompé, marmonna un lutin, ou vient-elle de montrer plus de ruse que le roi ?

— C'est une maligne, pour sûr ! dit un autre. Kevin ne peut contester la logique de son raisonnement.

Sabrina sourit au roi :

— Puis-je m'en aller maintenant ?

Kevin lui décocha un regard méfiant :

— Pour que tu ailles te vanter partout que tu as berné le roi des farfadets ? Ma réputation est en jeu, vois-tu !

Sabrina leva la main droite :

— Parole d'honneur de sorcière, je n'en soufflerai jamais mot à quiconque.

— Dans ce cas, je n'ai aucune raison de te retenir contre ton gré.

Il sourit et leva sa coupe à la santé de Sabrina.

— Mais tu peux rester si tu le désires et prendre part à nos réjouissances !

— Non, merci. J'ai une vie plus sérieuse qui m'attend.

— Quel ennui ce doit être de vivre au royaume des mortels s'ils n'aiment pas faire la fête !

— Oh, mais j'adore ça ! Seulement j'ai d'autres choses à faire aussi, des amis à aider. À commencer par le proviseur à qui j'ai donné ma parole...

— Pssst !

Elle se retourna vers Fergus.

— Qu'est-ce que tu veux ? Tu ne m'as pas attiré assez d'ennuis comme ça ?

— Juste te donner un conseil : cesse de bavarder comme une pie et va-t'en avant que le roi ne change d'avis.

— Merci. Cette fois, je vais t'écouter.

Elle s'éloigna de quelques pas, puis s'arrêta.

— Au fait, qu'est-ce que tu attends pour t'occuper de la botte de tante Hilda ?

— Et comment m'amuserai-je à la prochaine Saint-Patrick si je me réconcilie avec elle ?

— Alors là...

Elle se tourna vers le roi :

— Majesté ! Quelle est la punition prévue

pour un farfadet qui s'est fait capturer et refuse d'exaucer les trois vœux demandés ?

Fergus coupa la parole au roi :

— Décidément, tu es trop futée pour nous, ma belle ! Te montrer plus maligne que deux lutins en moins de cinq minutes ! Allons, il est temps de partir !

Claquant des doigts, il l'enveloppa d'un tourbillon doré et, en un clin d'œil, Sabrina se retrouva sur le trottoir, devant le *Café Irlandais*.

— Hé, Sabrina !

Elle aperçut Harvey à l'intérieur. À côté de lui, Valerie lui faisait de grands signes. M. Kraft accordait sa guitare devant un micro. Mais ce qui l'étonna le plus, ce fut de découvrir ses deux tantes prêtes à l'accompagner.

Mme Quick passa la tête par la porte.

— Entrez vite, ma petite ! dit-elle. Le spectacle va commencer.

La salle était tellement pleine qu'il avait fallu ajouter des chaises pliantes autour des tables. Dans un coin, Sabrina repéra Fergus qui fabriquait la deuxième botte de tante Hilda.

— Content de te voir, dit Harvey. Où étais-tu ?

— Heu...

— Ça ne te regarde pas ! intervint Valerie. Et puis personne ici ne se souvient de ce qu'il a fait de sa journée !

Sabrina
l'apprentie sorcière

1. Une rentrée pas ordinaire
2. Une rivale inattendue
3. Un Noël presque parfait
4. Un invité surprise
5. Un amour de sorcière
6. Un week-end très mouvementé
7. Une journée d'enfer
8. Un lundi hallucinant
9. Sabrina fait des mystères
10. Détective de choc !
11. La fête des sorcières
12. Le bal de la Pleine Lune
13. La double vie de Sabrina
14. Un défi pour Sabrina

La magie de Sabrina (hors-série)

Et pour les plus jeunes :

Salem
le chat de Sabrina

1. Salem à la télé
2. Salem à l'école
3. Piégé dans l'Histoire !
4. Attention au sort !
5. Un après-midi de chien
6. Allô, Salem ?
7. Salem est jaloux
8. Libérez Salem !

Cet ouvrage a été composé par
PCA - 44400 REZE

Imprimé en France sur Presse Offset par

BRODARD & TAUPIN

GROUPE CPI

La Flèche (Sarthe), le 05-06-2002
N° d'impression : 12993

Dépôt légal : juin 2002

POCKET jeunesse

12, avenue d'Italie • 75627 PARIS Cedex 13

Tél. : 01.44.16.05.00